向世界學習、向未來挑戰的人生哲學。
凡事保持好奇心，不斷學習成長……

青蘋果哲學

于珊　主編

前言

日本傳奇建築大師安藤忠雄，不但是怪才也是奇才，他罹患了兩次癌症，把內臟切除掉，卻仍充滿活力的存活下來，他以「青蘋果哲學」來激勵自己——凡事保持好奇心，不斷學習成長！

此外，他也勉勵大家說：「諸位！我做到了，你們也可以，我們要用百分之百的態度來面對任何事，大家一起努力活到一百歲！」

決定你人生的高度，不是你的程度，而是你的態度。

老是把「我已經盡力了！」掛在嘴裡的人，就是公然撒謊的人，也就是屬於「自欺欺人」的類型，如果您身邊有這種人，不妨建議他先去看「烏鴉定律」——在團隊中，別讓自己成為一隻烏鴉。

有人說，「你最大的敵人，就是慣性思維！」所謂「慣性思維」就是說只會因循以往習慣的思路去思考問題，這種「心理定勢」常會讓思考事情時產生盲點，缺少創新或改變的可能性，所以說如果你被心理定勢綁架了，那洞悉事物的目光和思路就給堵塞住了。

「苟日新，日日新，又日新」這句老話，本來是在說商湯王他老兄洗澡的事，是勉勵人們每天要洗澡保持身體潔淨，對健康很重要，後來被引申為激勵人心「棄舊換新」的「逆向思維」，指品德高尚的人，要處處追求完美——到了二十一世紀的現代，我們也可以說是持續學習與時併進，每天都要超越自己，就像買一把蔥都要掃條碼的時代，你做生意的腦袋瓜子不進步行嗎？

「每天都會淘汰自己的人，就會站到成功的那一面！」

其實「成功」的定義和「幸福」一樣，要看你「自我滿足」的需求情況，世界上如果只有富人沒有窮人的話，那這世界就會變得很貧乏，因為沒有生產力的勞動人口可以拯救世界了，土地如果沒有耕耘運作，連地球都會生病呢！

查理．芒格和巴菲特這兩個人已經差不多有將近五十年的交情，也是忠實的事業合作夥伴，他們可說是彼此一生中的「最佳拍檔」，我們從巴菲特「我一直喜歡工作！」的篇章中，可以發現成功的定義是什麼，以及成功的人怎麼看待人生？同時我們也發現不斷閱讀與學習是這兩個人的「娛樂」。

查理·芒格說得好——活著就要「以避免失敗為目標而成長！」另外，更難寧可貴的是賈伯斯也忠告我們「別浪費生命，過別人的生活！」

「凡是可能出錯的事，就一定會出錯！」雖然墨菲定律是發現在二十世紀中，可這幾年又在書市中走紅，而且火勢還有愈燒愈旺的趨勢，「墨菲定律」一直以來就被認為是代表負面的能量，其實在心理學的文化中，它只是代表著一種近似玩世不恭的反諷幽默，是可以排解我們在日常生活中所遭遇到的不滿與挫折。

所以，本書再次以多種思維的觀點，來闡述如何解除墨菲定律的魔咒。同時，也加入傳奇建築大師安藤忠雄的「青蘋果哲學」，希望它能帶來反思的力量，讓我們更有勇氣，面對人生的挑戰，這些滿滿的正能量！希望能因此而使您的思維更多元、更開闊、更加樂觀地積極進取……

青蘋果人生

青蘋果哲學

一九四一年出生，今年已經超過80歲的日本傳奇建築大師安藤忠雄說，他是以青蘋果人生為回歸原點之姿，向世界學習、向未來挑戰的人生哲學！

二〇一九年普立茲克建築獎得主、日本傳奇建築大師安藤忠雄睽違多年來台演講，擠爆世貿中心三千人會場，他透露，自己10年前膽管罹癌、5年前胰臟癌開刀，醫生評估存活率為零——不過，5年過去了，他依然每天神采奕奕、充滿活力。於是，他分享青蘋果哲學，他鼓勵無比熱情的安迷以及所有的朋友，每個人要像青蘋果——「凡事保持好奇心，不斷學習成長。」

安藤忠雄不但是怪才也是奇才，他沒有上過大學，也沒有接受正規建築教育，利用拳擊比賽贏得獎金赴歐、美、非洲旅行，在建築界發光發亮，一九六九年成立安藤忠雄建築師事務所，作品遍布全球，一九九五年獲普立茲克建築獎。獎金10萬美元，事後他全部捐給神戶大地震的孤兒，自己分文不留。

安藤忠雄曾經說，日本向來重視學歷，父母希望孩子讀名校，不過，接受正規教育出來的一點都不有趣。他提起，小時候看到木工師傅忙工作，忘了吃午餐，啟發他對建築的興趣。他說，「我沒背景、學歷，仍可成就一些作為，只要努力，每個人都會有機會。」

當年他自從被診斷出罹癌，安藤忠雄逐漸調整作息。他打趣說，「我切除內臟後，依然活得很好，可能是因為大難不死必有後福，業主認為很吉利。」

這讓他悟出了，「凡事都會呈現出一體兩面」的道理。所以，他有了給「年輕人必修的三堂課」——

第一、勇敢走入現實。

人生如果要追求「光」，就要凝視眼前的「影」。

第二、主動出擊找機會。

工作不是自己跑過來的，而是你自己去找來的。

第三、幫別人創造機會。

不只要給自己機會，也要幫別人製造機會。

罹癌之後，安藤忠雄經常思考，人的一生只有一次，應該為自己做什麼？為家人做什麼？他說，人生有許多意外，以建築為例，在設計之初就要預想到下一步。他期許大家「逐夢踏實」——「我做到了，你們也可以。我們要用百分百的態度來面對任何事，大家一起努力活到一百歲。」

安藤忠雄的青蘋果人生就是——「向世界學習、向未來挑戰的人生哲學！」

安藤忠雄的青蘋果哲學就是——「凡事保持好奇心，不斷學習成長。」

蘇格拉底的哲學課

蘇格拉底有一天在上課時，從短袍中掏出一個蘋果：「請大家用力聞一聞空氣中的氣味。」

然後，他回到講台，舉著蘋果問：「哪位同學聞到了蘋果味道？」

幾位同學回答：「我聞到了，淡淡的蘋果香味！」

其他同學則是你望望我，我看看你，滿臉疑問……

於是，蘇格拉底再次舉起蘋果，從學生群中慢慢走過，「請務必集中精力，仔細聞一聞空氣中的味道。」

回到講台之後，他又問：「大家聞到蘋果的味道了嗎？」

學生們異口同聲回答：「啊！聞到了！」

蘇格拉底嘆了口氣，然後說：「非常遺憾，這是一個木頭雕刻上色的假蘋果。」

一個蘋果可以引出一系列的哲學問題——多元思考。

而人們對蘋果的概念是什麼？蘋果的顏色是紅冬冬的顏色嗎？不是的，蘋果的紅色有深紅、淺紅，青蘋果的顏色有薄綠、翠玉，還有金色的。近來蘋果也不一定是傳統圓形，有果農會用塑形容器把它長成四方形的……所以，要歸納出蘋果是什麼，除了印象、感覺、回憶，還要理性的認知抽象、想像、聯想等綜合判斷。

我們的大腦喜歡正面、積極的想像；正面、積極的想像，能讓大腦出於一個舒適，高效的狀態。

比如說大海這個詞，我們可以聯想到海浪、天空、藍色等等，那現在我們就需要加上一些動態的畫面，這個畫面盡可能是積極美好的畫面。比如說你躺在溫暖的沙灘上，欣賞著一望無際的大海，非常的放鬆，非常的安逸。

生活中我們無時無刻不在記憶，記憶是有方法，有輔助工具的。那最好的工具是什麼呢？你可能想不到，那就是我們的身體，身體的視覺、聽覺、嗅覺、味覺、觸覺等等，都可以幫助我們來加深記憶痕跡。

舉個例子，比如說田蛙這個詞我們來聯想，首先想到的就是十分呱噪，很吵，這是動用了我們的聽覺記憶。說到榴蓮，我們第一時間想到很臭，這就是嗅覺記憶；說到檸檬什麼感覺呢？是不是咽了口水，因為我們記住了它很酸，所以就是味覺記憶。說到癩蛤蟆，想到渾身雞皮疙瘩起來了，因為感覺用手拿它渾身就不舒服，所以這就是觸覺記憶，而視覺記憶比如說看到了變色龍，它可以變幻出五顏六色的，因此通過視覺記憶就非常的深刻。

知識信息也是如此，如果我們在記憶的時候可以加入一些視覺、聽覺、嗅覺、味覺、觸覺記憶的話，那麼記憶起來就會更加的生動，而這些信息可以成為我們的回憶線索，幫助我們歸納、邏輯、思考。

因此，人生不能沒有哲學，哲學是探索人生的趣味之在。

蘋果定律

如果有一堆有好有壞的蘋果放在眼前，你就應該先吃好的，把壞的扔掉；如果你先吃壞的，好的也會變成壞的，那你就永遠吃不到好的，人生亦是如此。

一九四六年諾貝爾文學獎得主赫塞說：「在這世界上，最令人畏懼的，往往是通往自己的道路。」不過，「最終決定你能走多遠、過什麼樣的生活，是你自己。」所以，向「青蘋果哲學」學習吧——凡事保持好奇心，不斷學習成長！

如果認為自己不夠好，這是最大的謊言；
如果認為自己沒價值，這是最大的欺騙。

第一章

出來混一定要懂「烏鴉定律」

——如果不去正視自己的缺點，就會把自己逼入困境！

從小在我們的認知中，烏鴉常常是厄運的代名詞，烏鴉的啼叫被視為是凶兆或是壞事即將來臨了。所以，烏鴉被人們所討厭，被認為是不詳之鳥。但在日本，不管是在繁華的東京，還是偏僻的鄉村，都能看見烏鴉的影子，這是因為烏鴉在日本有著的特殊待遇。

在日本，為什麼烏鴉卻一改不祥之鳥的形象，被日本人作為吉祥之鳥所供奉呢？因為烏鴉是日本的國鳥，是日本人心中至高無上的神鳥。

日本人對烏鴉的尊敬可以追溯到日本第一代天皇——神武天皇，在日本古籍書上曾記載，第一位天皇神武天皇從宮崎縣一帶東征到奈良縣，一路激戰，到了和歌山縣熊野一帶的山林，獲天神派來的一隻烏鴉做武術指導，終於在西元前六六〇年2月11日順利地建立了朝廷。這隻烏鴉有三隻腳，被稱為「八咫烏」。

不僅如此，烏鴉還被日本人當作「立國神獸」，曾作為日本足球代表的象徵。日本足球協會採用八咫烏圖案當作會徽，參加世界盃足球賽的日本隊員的球衣上就繡著八咫烏，這八咫烏不是別的，就是神武天皇那隻三隻腳的烏鴉。由此可見烏鴉在日本的地位是無與倫比的。

不過，話雖如此，除了日本，烏鴉還是不討喜的鳥，牠除了會搶人拿在手中的食物，還會啄傷行人，最最令人討厭的是牠那奇怪的「嘎——嘎——」宏亮叫聲，又粗濁又深沉又尖銳，乍聽之下真是恐怖得很，尤其在半夜常叫人不寒而慄，真是十足討人厭，太不可愛了！

有隻烏鴉和一隻鴿子住在一個小森林裡。

有一天，烏鴉準備離開，就向朋友鴿子告別。

鴿子問牠：「你為什麼要搬走呢？」

烏鴉回答道，「其實我也不想搬走，但這裡的人對我太不友善了，他們老是嫌我的叫聲太難聽，每次都用石頭丟我，不歡迎我留下來，我是真的待不下去了。」

鴿子沉思良久，對烏鴉說了這麼一番話：「朋友，你如果不改變自己的聲音，那麼無論你飛到哪裡，都不會有人歡迎的。」

這就是所謂的「烏鴉定律」——它是說一個人如果不能正視自己本身的不足，

以及不去改變自己本身的缺點，那將會有各種問題困擾著自己與別人。而在團隊的人際關係中也會變成一隻「烏鴉」，不受人歡迎！

尼采在《善惡的彼岸》中說：

「與惡龍纏鬥過久，自身亦成為惡龍；凝視深淵過久，深淵將回以凝視。」

人的一生中會遇見很多不順心的事，不愉快的人，如果凡事都要計較對錯，到頭來只會累了別人，也苦了自己。

伏爾泰也曾經說過：

「使你疲憊的不是遠方的高山，而是鞋裡的一粒沙子！」

遇到爛事不糾纏，不僅是一種態度，更是一種智慧。

人不能著迷於自己的不幸，如此只會讓不幸更加擴大，所以要懂得放下。

韓信「胯下之辱」的故事很多人都知道。

韓信在受到屠夫的挑釁時，選擇忍受著巨大的侮辱，從屠夫胯下跨過。

這在當時男兒膝下有黃金的時代，可是奇恥大辱！不過，也因此「忍辱」才有了日後的拜將封侯，破齊滅項，走上人生巔峰。

不糾纏不是懦弱，而是放下。

人只要能放下，就能跨過任何人生的坎。

在這世上，我們都無法改變爛人的存在，無法改變爛事的發展。不過，能改變的——就是自己的心態。

人生的成功與失敗都是自己決定的，學會改變，才能讓自己越來越優秀。遇事不抱怨，從自己身上找原因；不讓爛事糾纏，要學會解放自己的心。

早在十七世紀，法國物理學家馬里奧特發現了人類眼球上的盲點。人的視網膜上存在一部分沒有感光細胞的區域，當物體的影像落在這個地方不會引發視覺，雖然它就在你的面前，但卻你一點也察覺不到它。

盲點不止存在於視覺，人的性格中也隱藏著很多自己都看不見、弄不清的因素，影響著你的日常認知和行為，這就是「性格盲點」。

我們經常會發現這樣的現象：一個人存在的某個問題，周圍的人都看得清清楚楚，只有他自己卻看不到，往往錯誤判斷了自己的言行以及對人造成的影響，讓周圍的親友很無奈，有可能這人在其他事情上挺聰明的，偏偏就在某一點上看不見自己的實際狀況。

有句話叫做：「烏鴉站在豬身上看得到豬黑，卻看不到自己黑。」所以說，我們未必是故意忽略自己的問題，而只是當局者迷。

性格盲點，正如同我們駕車時的視覺盲區，你根本不知道在那個區域暗藏的什麼，如果視而不見，如果這裡有安全隱患，就會當場出事故。在那塊看不見的陰影區，恰恰是你最大的弱點。

心態可以改變人生。縱觀逝去的歲月，你就會驚訝地發現：在過去的生活和工作中，你所持的心態與你最終的成就居然有那麼大的關係。如果你被迫去完成自己的工作；如果你是以奴隸般的態度去從事工作；如果你在工作中不抱持任何大的希望，甚至在工作中看不到任何希望，覺得工作只不過是聊以糊口，勉強度日而已；如果你看不到未來的曙光；如果你只看到貧困、匱乏和你整個一生的艱難；如果你認為自己命中註定要過艱難的生活……那麼，你就決不會擁有成功、財富與幸福。

換一個角度來看，不管你今日如何貧窮，如果你能看到更好的將來；如果你相信自己有朝一日會從單調乏味的工作中崛起；如果你相信自己有朝一日會從目前的陋室搬進溫馨、舒適、怡人的住宅；如果你方向明確，眼睛緊盯著你希望達到的目標，並相信你完全有能力達到你的目標……那麼，你必將有所作為。

為什麼有些人就是比其他人更幸運，賺更多的錢，擁有更好的工作和人際關係、更健康的身體，整天快快樂樂，享受高品質的人生，似乎他們的生活凡事都注定要比別人過得好，而許多人從早到晚忙忙碌碌地勞作卻只能維持生計？

一位哲學家說：「你的心態，就是你真正的主人。」

一位偉人說：「要嘛是你駕馭生命，要嘛是生命駕馭你。你的心態將決定誰是坐騎，誰是騎師。」

所以說，無論有多少艱難險阻，只要你擁有積極的心態，堅持自己的信念，使你的心靈保持創造力，成為一個能吸引你所渴望之事物的磁場，那麼，你的目標、你的理想，就一定能夠實現。

你一定要保持這種積極向上、奮發有為的心態，任何時候都不能懷疑自己最終必能在事業上取得成功。

叔本華說：「真正獨立思考的人，才是精神上的君主。」

在和一些人交流的過程中，你會發現：最難溝通的，往往不是書讀得不多、沒有什麼思想的人，反而是那些讀書不少、滿腦子都是標準答案的人。

書讀得不多，平時懶於思考，這樣的人在我們身邊不少。你跟他講大道理、講理論，他都懶得理你，甚至講多了他還會朝著你發脾氣。但倘若你換一種方式，跟他講講常識、剖析一下生活中的具體事例，你就會發現，他還是可以溝通的。

所以，人這一生，最怕的不是沒有思想，而是滿腦子的標準答案！

令人悲哀的是，這樣的人，在我們身邊還有不少！

怕就怕遇到這樣一種人：年齡不小、書讀的不少、人生也有一定的閱歷了，卻滿腦子都是標準答案。無論你跟他講道理、講理論，還是談常識、談邏輯、分析具體事例，他都是能調出腦子裡的標準答案來應對。

而這些標準答案聽起來、看起來卻是那麼熟悉，往往有一種似曾相識的感覺。這些標準答案究竟從何而來呢？仔細想想，原來都是從網路、從各種媒體中所說的那些——人云亦云。

其實，我們或輕或重都曾經是無知的，或者仍然處於無知的狀態。不同的是：有些人能夠結合自己的生活經驗、人生閱歷、對常識的認知，以及對真相的瞭解，對已經植入頭腦中的標準答案進行質疑和反思，進而得出屬於自己的認識和結論，先於他人覺醒過來；而有些人，或因思維懶惰，或因恐懼，或因承受不了覺醒所帶來的痛苦與孤獨，而選擇了繼續沉睡。

不想改變的人，往往是固執得可惡，他們不但「我行我素」，並且自認為「理所當然」。如果在我們生活周遭遇到了這種「烏鴉」，你除了自認倒楣；還能說上什麼？

請記住這樣一句話：要驅除生命中的黑暗，最好的辦法就是使生命充滿陽光；

要避免混亂，就得追求和諧；要使頭腦拒絕錯誤，就得使它充滿真知；要遠離邪惡，就得多多思索著美好可愛的事物；要擺脫一切討厭和不健康的東西，就必須深思一切怡人和有益健康的事。因為截然相反的思想不可能同時佔據一個人的頭腦。做到這一點，你就可真正成為自身之情緒的主人。

有人問已故的哥倫比亞大學前院長赫伯．赫克先生，何以他能夠那麼冷靜，隨時解決不計其數的關於學生的問題。他這樣回答：「我的方法是這樣的：假如我必須在某一天做某一項決定，通常我都事先收集好各種相關資料，並認定自己是『發掘事實的人』。我並不浪費時間去設想該如何做決定，只是盡可能去研究與問題有關的所有資料。等我研究完畢，決定便自然產生，因為那都是根據事實而來。」

這方法聽起來似乎非常簡單，但它正是大家應該注意的。你的行動若經常受到情緒、成見、急躁或其他非理性做法的影響，那都是不成熟的表現。就好像小孩子喜歡凡事「馬上去做」，那都是沒有顧到事實，只憑衝動糊塗行事的幼稚行動。

行動能力的確是成熟心理的必備條件之一。在魯莽草率的行事作風中，永遠會有「意外」發生。只有先分析，再行動，一切事務才能按條理進行。但必須以知識和理解做基礎，才能避免毫無價值的魯莽行為。

落葉的命運，完全取決於流水。人不是落葉，因為人可以決定自己的前途。如果你不想在一個轉彎處長久地停滯不前，就要勇敢地向流水的中央游去，乘著激流，去尋找更多適合自己的新機會。當然，你也可以放棄個人的努力，一切任由流水和風向的安排。

觀察成功人士的足跡，你會發現，有很多原本很平庸的人卻終能獲得成功。這是因為，在他們的人生之旅中，他們在很關鍵的時刻，能夠審時度勢，抓住了一次或兩次重要的機遇，為自己營造出邁向成功的大勢，從而步入成功者的行列，成為受人尊敬、羨慕的人。

機會對任何人都是均等的。有了機會，就有了造勢的條件。但是，還需要你擁有發現機會的慧眼，能夠把機會轉化為成功。在現代社會，只要你能抓住一兩次機會，哪怕那只是很小很小的機會，你也許就能因此走向成功。

因此，我們既然是社會的一分子，萬一做事或遇到挫折時，要懂得自我反省，不要怨天尤人，要找出「事出有因」，千萬別當一隻「烏鴉」，不懂得正視自身的缺點，而把自己陷在困境之中。

當我們走出了「烏鴉定律」之後，你會越來越誠懇地去改正自己的缺失。同時，它也會讓你活得更坦率、更開朗；從此你就會在團隊（人際關係）中，當一隻喜鵲，而不再是一隻烏鴉了！

第二章

別讓「心理定勢」給綁架了

——不想改變自己的人，注定庸庸碌碌過一生！

在心理學上，「心理定勢」指的是對某一特定活動的準備狀態，它使人以一種已有的固定看法為根據去認知一個新的事物。但同時「心理定勢」的存在也會束縛我們的思維，使我們面對問題，只會用過去的常規舊俗去解決問題，而無法突破，創造出新的思維。

「心理定勢」具有兩方面的作用：

一、**積極作用**　定勢效應能使人在客觀事物、客觀環境相對不變的情況下，對人和事物的知覺更迅速、更有效。個體在認識新的事物時，頭腦裡並不是一張白紙，而是已經積累了一定的知識、經驗。

正是憑藉這些知識、經驗，才使個體對新事物認識的迅速、有效，而不至於需要長時期的摸索。知識、經驗的可貴正是在這裡。特別是人們對事物規律性的認識所產生的定勢效應，其積極作用更是明顯。見月暈而知風、見礎潤而知雨，就是例證。刑警能一眼辨認出小偷、逃犯、走私分子，能從蛛絲馬跡中察覺犯案嫌疑人的多方面的具體情況，也是定勢效應的積極作用。

二、**消極作用**　客觀事物千差萬別，情況又總在不斷變化，因此僅僅憑藉已有的經驗、知識、認識去認知新的事物，往往容易使人在認知上出現偏差。

人們常常會被事物的表相所欺騙，也會被過去的經驗所束縛。因此，我們必須好好考慮學習新的思維。

有許多事情看上去很簡單，但發現的過程卻是複雜和艱辛的。我們要於在「司空見慣」中去發現簡單中的不簡單，尋常中的不尋常，混亂中的規律軌跡，你才會有與眾不同的建樹。

大航海家哥倫布發現美洲後回到英國，女王為他擺宴慶功。酒席上，許多王公大臣、名流士紳都瞧不起這個沒有爵位的人，紛紛出言諷刺。

「沒什麼了不起，我出去航海，一樣也會發現新大陸。」

「駕駛帆船，只要朝一個方向航行，就會有重大發現！」

「太容易了！女王不應給他這樣高的榮譽與獎賞。」

這時，哥倫布從桌上拿起一顆雞蛋，笑著問大家說：「各位尊貴的先生，請問哪位能把這個雞蛋立起來？」

於是，一些自以為能力超群的人物紛紛開始立那顆雞蛋，但左立右立，站著立坐著立，想盡了辦法，也立不住橢圓形的雞蛋。

「我們立不起來，難道你可以立起來嗎？」大家把目光盯住哥倫布。

哥倫布笑著走了過去，拿起雞蛋「叩」的一聲往桌上磕了一下，下面的蛋殼破了，雞蛋牢牢地立在桌子上。

眾人嚷道：「這誰不會呀！這太簡單了！」

哥倫布聽了，微微一笑說：「是的，這很簡單，但在這之前，你們這些大人物為什麼沒有想到呢？」

遊戲的規則是要把蛋立起來，但並沒有說不能打破蛋。這群人能當王公大臣、名流士紳，也絕非個個都是笨蛋，可是他們竟然沒人想到立蛋的方法，這就是他們的腦海裡，早已被定勢思維給框住了，所以未能得逞，只能對哥倫布的立蛋方式放馬後砲罷了。

所以，在學習、工作和生活中，我們應該有意識地克服「心理定勢」，使思維更開闊，更深刻，更靈活，更敏捷。

日本的東芝電氣公司曾經一度積壓了大量的電扇賣不出去，七萬多名職工為了打開銷路，費盡心機地想了不少辦法，依然進展不大。有一天，一個小職員向當時的董事長石阪提出了改變電扇顏色的建議。在當時，全世界的電扇都是黑色的，東芝公司生產的電扇自然也不例外。而這個小職員建議把黑色改為淺色。這一建議引起了石阪董事長的重視。經過研究，公司採納了這個建議。於是第二年夏天東芝公司推出了一批淺藍色電扇，結果大受顧客歡迎，還在市場上還掀起了一陣搶購熱潮，幾個月之內就賣出了幾十萬台。從此以後，在日本，以及在全世界，電扇就不再都是一副統一的黑色面孔了。

這一改變顏色的構想，效益竟如此巨大。而提出它，既不需要有淵博的科技知識，也不需要有豐富的商業經驗，為什麼東芝公司其他的幾萬名職工就沒人想到、沒人提出來？為什麼日本以及其他國家的成千上萬的電氣公司，以前都沒人想到、沒人提出來？這顯然是因為，自有電扇以來都是黑色的。雖然誰也沒有規定過電扇必須是黑色的，而彼此仿效，代代相襲，漸漸地就形成了一種慣例、一種傳統，似乎電扇都只能是黑色的，不是黑色的就不成其為電扇。而東芝公司這位小職員提出的建議，從思考方法的角度來看，其可貴之處就在於突破了「電扇只能漆成黑色」這一思維定勢的束縛。

進行創新思考，必須警惕和擺脫思維定勢的束縛作用。無論是在創新思考的開始，還是在它的其他某個環節上，當我們的思考陷人了困境時，往往都有必要檢查一下是否被某種思維定勢給捆住了手腳。一個人的創新思考陷人了某種思維定勢時大都是不自覺的，而跳出這種思維定勢，則常常都需要自覺地作出努力。

心理定勢還有一個常見的表現是：一個人看到他人時，常常會不自覺地按其年齡、性別、職業、民族等特性對其進行歸類，並根據已有的關於這類人的固定形象，作為判斷其個性的依據。這樣形成的印象，就是「刻板印象」。

美國作家馬里傑．尼格講過這樣一個故事——

我年輕時自以為了不起。那時我打算寫本書，為了在書中加進點地方色彩，就利用假期出去尋找。我要去那些窮途潦倒、懶懶散散混日子的人們當中找一個主人公，我相信在那兒可以找到這種人。

一點不差，有一天我找到了這麼個地方，那兒到處都是荒涼破落的莊園、衣衫襤褸的男人和面色憔悴的女人。

最令人激動的是，我想像中的那種懶惰混日子的角色也找到了：一個滿臉亂鬚的老人，穿著一件褐色的工作服，坐在一把椅子上，為一小塊馬鈴薯地鋤草，在他的身後是一間沒有油漆的小木棚。

於是，我轉身回旅館，恨不得立刻就坐在打字機前寫出這個場景。但當我繞過木棚在泥濘的路上拐彎時，又從另一個角度朝老人望了一眼，這時我下意識地突然停住了腳步。

原來，從這一邊看過去，我發現老人的椅邊靠著一副殘疾人的拐杖，有一條褲腿空蕩蕩地直垂到地面上，雖然身體上有著重大的缺陷，他仍努力工作、自食其力。頓時，那位剛才我還認為足好吃懶做混日子的人物，一下變成為一個百折不撓的英雄形象了。

從那以後，我再也不敢對一個只見過一面或聊上幾句的人，輕易做出判斷和下結論了。

一位警察局長在路邊同一位老人談話，這時跑過來一位小孩，急促的對警察局長說：「你爸爸和我爸爸吵起來了！」老人問：「這孩子是你什麼人？」警察局長說：「是我兒子。」

請你回答：這兩個吵架的人和警察局長是什麼關係？這一問題，在一百名被面試者中只有兩人答對！後來又問一對帶一個小孩走來的夫婦這個問題，父母沒答對，孩子卻很快答了出來：「局長是個女的，吵架的一個是局長的丈夫，即孩子的爸爸；另一個是局長的爸爸，即孩子的外公。」

為什麼那麼多成年人對如此簡單的問題解答反而不如孩子呢？

這就是定勢效應：按照成人的經驗，警察局長應該是男的，從男局長這個心理定勢去推想，自然找不到答案；而小孩子沒有這方面的經驗，也就沒有心理定勢的限制，因而一下子就找到了正確答案。

一個人的心理發展總要經歷從簡單到複雜的過程，這種發展讓我們不僅具備了更加縝密的思維能力，同時，也讓我們失去了簡單思考的能力。有時候，對於生活中的難題，孩子的回答卻給了我們意想不到的答案，可以說在某些事情上，孩子也是我們的老師。那麼，在心理發展過程中有哪些思維定勢阻礙了我們簡單思考的能力呢？今天的心理解析是心理學定勢效應，到底是怎樣的題目難倒了一百個成年人卻被孩子輕易解答，這個只有孩子能夠答對的題目，你能嗎？成年人的思維到底被什麼限制住了。

社會環境對人心理發展的影響是極其廣泛的，隨著我們成長環境的變化，我們的心理發展需要具備更多能力以應對社會競爭、家庭以及人際方面的壓力，這也使得我們的思維能力由簡單變為複雜，因為社會環境並沒有給我們創造太多可以單純思考的機會。這樣的心理發展過程也是為何成年人在交際中感覺會越來越遲頓的原因之一。

同時，成年人的心理發展和思維過程，也讓我們失去了更多簡單思考的能力，有時候，一個對於孩子來說極其簡單的問題，卻在成年人思維下變得如此的複雜和多慮。有時候，成年人的思維反而是被上了一把枷鎖，形成了一種思維定勢，這種定勢效應可能會讓一道簡單的題目變得異常複雜。

心理定勢，它雖然束縛了我們的思維，但是，它也給人們在習慣從事某件事情之後，讓人們形成了自動化，從而節省了精力和時間，熟能生巧既是思維定勢的結果。所以，它同時給予了人們利與弊的結果。

在人際交往過程中，心理定勢也起到了非常大的影響，比如：我們不通過瞭解便給予某些特徵的人固定的評價；這不僅會給我們帶來經驗上的正面作用，同時，也可能讓我們失去真正瞭解一個人的機會。

莎士比亞在《羅密歐與茱麗葉》中，曾經說過：「名稱算什麼？即使用其他的名字，薔薇本身也會散發出同樣的芬芳。」

一九三八年美國女作家瑪格麗特．米契爾，有次被邀請去參加世界筆會。那時還沒有胸前佩帶名牌的習慣。

所以，有位匈牙利作家坐在她的旁邊，卻根本不知道這位女士是誰。因而他就以一種傲慢的態度同她談話：「小姐，妳是作家嗎？」

「是的，先生！」

「那麼，有什麼大作，可否見告？」

「談不上什麼大作，我只是偶爾寫寫小說而已。」

「噢，妳也寫小說。那麼，我們可以算是同行了。我已經出版三百多本小說，那就是……妳寫過多少部呢？小姐！」

「我只寫過一部小說，她的名字叫《飄》……」語言未落，那位匈牙利作家已目瞪口呆了。（編按：《飄》出版於一九三六年，次年即獲得普利茲獎，享譽文壇，馳名全世界，後來改編為《亂世佳人》的電影，由克拉克・蓋博與費雯麗主演，更是風靡全球。）

有的人著作極豐，有的人終生沒能完成一部作品，但人們對作品的評價不在其數量，而在於其價值。瑪格麗特・米契爾就憑一部《飄》的不朽名作譽滿全球，而那個匈牙利作家叫什麼呢？

在大男人主義的心目中，老覺得「社會」這本書，只有男人才是主角，女人只能當配角，這就是標準的「沙豬主義」，也是一種偏見的定勢思維。

定勢效應就是人們常有的一種固定不變的態度，這種心理學的概念最早是由俄國社會心理學家包達列夫做的一個實驗得出的。包達列夫向兩組大學生出示了同一個人的照片，在出示之前，向第一組參加測試的大學生說，馬上要給大家看的照片上的人，是個非常恐怖的罪犯，而向另一組大學生說照片上的人是一位科學家。看後，他讓兩組大學生被試用文字描繪照片上的人的相貌。

第一組的評價是：此人深陷的雙眼證明他內心對這個世界的仇恨，突出的下巴證明他和社會對抗到底的決心。

第二組的評價是：此人深陷的雙眼表明思想的深度，突出的下巴表明他在科學研究的路上輕易不肯放棄的決心。

這個實驗有力地說明瞭定勢的作用。這也讓我們想到在一些影視作品中出現的人物，有的「大反派」在鏡頭前一出現，我們就覺得他要扮演一個壞人，這就是從長相產生的定勢效應。

雖說長相是遺傳因數的因素，與好人壞人的臉實際上並沒有直接關係，但戲劇為了效果，就以一種誇張的扮相，讓觀眾一眼就可看出奸詐與邪惡、善良與懦弱。久而久之，在人們心中就產生了定勢效應。

自以為有優勢的人，往往會比平凡者更容易走上失敗與滅亡之途。

有三個人出去旅遊，一個是跳遠冠軍，一個是游泳健將，第三個則是在各項無明顯優勢的平庸之流。

走出一段路後，遇到一座山，他們爬上這座山，在山上他們遇到了一個幾公尺寬的溝。如果要繼續前進，只有越過這條溝或者繞道一公里外的小路。游泳運動員和第三個人都無可奈何的繞道前進了。而跳遠的運動員卻自恃有此特長，跳過這溝應該不是問題，所以他就用力起跳。然而，不幸的是，他就差那麼幾公分而沒跳過去，失足摔了下去，把腿摔斷了。

爬過山之後，是一條寬廣的河流，他們又熱又累，就下河去洗澡了，第三個人在河邊洗澡，而游泳運動員卻來了興致，在河水裡自由歡快的游來游去，突然一個水浪打來，使他措手不及，瞬間便被無情的河水吞沒了。最後，只剩下那個平庸的人，毫髮無傷地繼續邁向旅程。

所以，從這個角度來說，很多時候人們的心理都被固有的觀念左右，不能進行正確判斷。人和人的接觸中要避免定勢效應，不能總迷信於自己的固有觀念，要知道，即使個人經驗再豐富，觀察力再敏銳，也沒有人可以把別人看透，因為人是會改變的，所以在人際交往中，也要用發展的、辯證的眼光去看人。

不論一個人處於人生階層的哪個位置，都離不開對現實的分析，隨著現實的變化，自己的觀念、思想、行動及目標也必須隨之進行調整，這是生存的必須。而且，做任何事和任何工作的時候，我們都要給自己一把標尺，如果不想讓自己有這樣的失誤，就一定要保持客觀的態度去認識別人，用事實說話，尊重別人的進步與成長，形成良好的職場判斷力。

越老練的人，有時候越容易被自己的經驗欺騙而看錯人。要知道這是一件危險的事情，信任了不該信任的人，放棄了不該放棄的人，都會上演現代版「畫地為牢」的悲劇。對於事業來說，都有可能造成巨大的損失。

從心理學的角度來說，自信心強的人容易犯下這樣的錯誤。過於相信自己的判斷就容易看不透人的複雜性，舉個例子來說，像「誠實」、「善良」、「堅韌」這樣的品質，即使再有經驗的人，也不可能通過短期的觀察就輕易地給人定位。

話說，有一隻驢子在靜靜地吃草。牠看到一個牧羊人坐在樹下吹著優美動聽的笛子。聽見的人都覺得很悅耳，唯獨我們這隻不滿的垂耳驢子例外。牠自言自語道：「這個世界要病了！瞧，那些人張著嘴巴在欣賞一個滿頭大汗的傻瓜，朝一根空心小管使勁吹氣。討好人類真是太容易了，不過沒關係，讓我趕緊逃到聽不見這傻子吹笛子的地方去吧。我簡直受不了啦！

於是，我們這頭忿忿不平的驢子剛邁開輕快的步伐跑開去時，差一點點就踢到一根笛子，這是那個牧羊人遺忘在草地上的。驢子停下來，機警地環顧四周，然後左右打量擱在草地上那根笛子，慢慢地低下頭去，把下唇湊在笛子吹孔上，吹起牠所鄙夷的樂器來。

說也奇怪，笛子居然發出頗為悅耳的聲音。我們的驢子認為自己是個聰明的傢夥，得意地用後蹄朝空中亂踢，高聲大喊道：「妙極了！我也會吹笛子啦！」

明明剛剛還在鄙視牧羊人的笛音，現在自己吹出的卻覺得像天籟那般的美妙，而興奮地大叫起來。因此，對於我們自己沒嘗試過的、或自己不瞭解的事物，千萬不要抱著「先入為主」的心理定勢思維。

另外，這裡還有一個關於——英國大文豪蕭伯納他老兄的軼聞：

有一次，他漫步在莫斯科街頭，遇到一位聰明伶俐的小女孩，便與她聊了很長時間。告別時，蕭伯納對小女孩說：「回去告訴妳媽媽說，今天同妳玩的是世界著名的蕭伯納。」

小女孩望了蕭伯納一眼，也學著大人的口氣說：「那你回去也告訴你媽媽說，今天同你玩的是莫斯科的可愛小女孩安妮娜。」

蕭伯納一時為之語塞。

這個故事告訴我們：你自以為「理所當然」的事，其實不然！老蕭和小女孩的邂逅，他自以為有名氣大的優勢，想不到安妮娜，卻不買他的帳！所以這也是蕭伯納老兄的「心理定勢」問題囉！

「定勢思維」在生活中固然會產生某些便捷的判斷，讓我們在行事時有「事半功倍」的作用，但處處都要運用它，反而會使靈活的腦子僵化掉了，「畫地自限」往往會將自己給框住了，如此你就無法發揮自己海闊天空的創造力了。

第三章

「逆向思維」幫你找出新的方向

——不斷學習不同的思路，解決問題、拓展新視野！

什麼叫「逆向思維」？逆向思維是指從事物的反面去思考問題的思考方法。這種思維方式常常使問題獲得創造性的解決。在商業的世界裡面，到處都有依靠逆向思維而獲得成功的人。

傑瑞是一個極富機智的警官，同時思維也相當「叛逆」十分靈活，所以無論遇到什麼案件或難題，在他手上總能迎刃而解。

——有一天，有三位女士為了芝麻大的小事而大吵大鬧來到警察局。她們你一言，我一語，誰也不肯讓誰先說，震耳欲聾幾乎把屋頂都要掀翻了，連局長都沒有辦法。這時傑瑞來說了句：「請妳們中間年紀最大的一位先說吧！」話音剛落，房間裡頓時鴉雀無聲。

——某日，一男子試圖製造一件轟動全國的新聞，便爬上紐約世界貿易中心的樓頂上，作勢要往下跳的樣子。很快，樓下圍滿了人，包括員警、醫生和記者。局長和警長輪番喊著話，並試圖救險，那男人總是色厲內荏地叫著：「別過來啊！誰要是過來，我就跳下去！」

僵持片刻之後，傑瑞帶了一名醫生走上前，只說了一句話，那男子便默默地走下樓去。傑瑞說的是：「我不是來抓你的，是這位醫生要我來問問你，你死之後，願不願意把身體所有的器官都捐給醫院？」

——在一次執勤的時候，傑瑞抓到了一個正在通緝的男扮女裝的要犯，警長問他：「罪犯男扮女裝，你怎麼認得出來？」傑瑞說：「我看他沒有女人的習慣。」警長問：「什麼習慣？」傑瑞說：「很簡單，他走過時裝店、食品店和美容院的時候，連看都沒朝裡看一眼，我就知道這裡邊有問題。」

——回家的路上，傑瑞忽然看見兩個年輕的神父同騎一輛自行車在一條小路上飛馳，便將他們攔住。傑瑞說：「你們不覺得這樣的速度是很危險的嗎？」神父們說：「沒關係，天主和我們同在。」傑瑞說：「很好，這麼說我應該罰你們80美元，因為三個人是不能同騎一輛自行車的。」

——星期日，在鬧市區的一個路口，有個持不同政見者正在發表演講：「如今的政治腐敗透頂了，我們應把眾議院和參議院統統燒了！」行人越聚越多，堵塞了交通，員警趕到時，秩序大亂，無從下手，傑瑞大叫一聲：「同意燒參議院的站到左邊，同意燒眾議院的站到右邊。」只聽「唰」地一聲，人群頓時分開，道路豁然開朗了。

你知道膠捲底片相機的原理嗎？把膠捲放在相機裡面，並卡在相機齒輪上，合上後蓋開始拍照。拍一張，自動轉動齒輪，收起這段膠捲，抽出一段新的膠捲，全部拍完之後，自動再把所有的膠捲反向卷回到膠捲盒，打開相機後蓋，取出膠捲。

但是這時的膠捲相機有個重大的設計缺陷，如果不小心打開相機後蓋，所有拍過的照片，都會全部曝光。那麼，請你來改進這款產品，你會怎麼做？

於是，有人說在相機後蓋上加個鎖，沒拍完不讓打開；也有人說，在收納拍過膠捲的地方，也放個膠捲盒，從膠捲盒到膠捲盒；還有一個說，在相機蓋裡面，再加一個蓋；雙重保護，防止失誤操作。

然而這些說法，都不實際，反而是一個老太太設計出來的，那麼這個老太太是怎麼設計的，原來她是把膠捲放到相機裡面，先自動把所有空白膠卷，從膠捲盒裡面全部都卷出來，然後拍一張，再反向收回到那個膠捲盒裡一張，直到全部拍完，這樣，萬一相機後蓋被打開了，曝光的僅僅是那小段空白膠卷。

這位老太太把她的這個設計申請了專利之後，賣給了柯達公司，獲得了七十萬美元的專利費。

你可以想像嗎？這個想法難嗎？一點都不難，甚至幾乎完全沒有改變相機的設計，它僅僅改變了齒輪馬達的方向，老太太用的這種威力極其強大的思維工具叫做「逆向思維」。這位老太太，其實就是運用了「結構逆向」的思維方式，通過反轉齒輪馬達這個小動作解決了大問題。

禮拜六上午，一位牧師正在苦思明天的佈道詞，妻子出去購物，淘氣的兒子在旁邊攪得他心煩意亂。他實在不知道該如何讓兒子安靜下來，忽然看見身邊一本雜誌，靈機一動，扯下了封面，這是一張背面的人像的世界地圖。

他把它撕成了好多塊，然後交給淘氣的兒子，讓他到一邊把已成碎片的世界地圖重新拼接好，允諾如果拼好了就給他一美元。

父親以為這件事足夠兒子忙乎一陣子了，可是才不過十分鐘，就響起了敲門聲。兒子站在書房門口，手裡拿著正是他從碎片中拼起來的世界地圖！

父親驚異於孩子的速度，問他是如何在這麼短的時間內完成的。兒子很是得意：「我發現紙的背後是一個人的頭像，我先按人像來拼碎片；然後翻過來的就是地圖了。」

如果小孩子一接到任務，便只有一個念頭，不先思考，直接埋頭苦幹地拼地圖的話，那過程就會很曲折費力了。

法國哲學家埃米爾．卡蒂埃根據故事，提出了「卡蒂埃定理」，認為當你只有一個念頭時，你那個念頭也許是最危險的念頭。如果認為只有一條路可走，那麼這條路往往是死胡同。

很多事情如果只按照思維常規來解決，反而會顯得困難曲折，然而，只要反過來想一想就很容易解決了；當企業在經營中遇到了難題，不要急著死鑽牛角尖，胡搞瞎搞……不妨停下來，想一想，也許答案就會出現了。

「逆向思維」也是一種變通思維，從一個方向思考問題容易陷入困境，變通一下思維，從另一個角度思考問題，往往得到意外的收穫的思維方式。

變通、變通，變則通。將舊飛機改造為咖啡廳是一種——變「廢」為「寶」的創意。這是一種文化包裝式的變通，有了文化包裝式的變通，不值錢的開始值錢，值錢的變得更值錢。

印度有一家電影院，常有戴帽子的婦女去看電影。帽子擋住了後面觀眾的視線。大家請電影院經理髮個場內禁止戴帽子的通告。經理搖搖頭說：「這不太妥當，只有允許她們戴帽子才行。」大家聽了，不知何意，感到很是失望。第二天，影片放映之前，經理在銀幕上映出了一則通告：「本院為了照顧衰老有病的女客，可允許她們照常戴帽子，在放映電影時不必摘下。」

通告一出，所有女客都摘下了帽子。

「逆向思維法」是指從事物的反面去思考問題的思維方法，這種方法常常使問題得到創造性的解決。

一位商人向海山借了二千元，並且寫了借據。在還錢的期限快到的時候，海山突然發現借據丟了，這使他焦急萬分，因為他知道，丟失了借據，向他借錢的這個人是會賴賬的。海山的朋友納斯列金知道此事後對海山說：「你給這個商人寫封信過去，要他到時候把向你借的二千五百元還給你。」海山聽了迷惑不解：「我丟了借據，要他還二千元都成問題，怎麼還能向他要二千五百元呢？」儘管海山沒想通，但還是照辦了。信寄出以後，海山很快收到了回信，借錢的商人在信上寫道：「我向你借的是二千元錢，不是二千五百元，下禮拜就還你。」

實踐證明，逆向思維是一種十分重要的思考方法。個人的逆向思維能力，對於全面人才的創造能力以及解決問題能力，都具有非常重大的意義。

逆向思維法，不是一種培訓或自我培訓的技法，而僅僅是一種思維的方法或發現的方法，然而要挖掘人才能力，有必要瞭解這一方法。因為在實踐中使用這一方法，可能取得驚人的效果。

人類的思維具有方向性，存在著正向與反向之差異，由此產生了正向思維與反向思維兩種形式。正向思維與反向思維只是相對而言的，一般認為，正向思維是指沿著人們的習慣性思考路線去思考，而反向思維則是指背逆人們的習慣路線去思考而產生的新方向。

正反向思維起源於事物的方向性，客觀世界存在著互為逆向的事物，由於事物的正反向，才產生思維的正反向，兩者是密切相關的。人們解決問題時，習慣於按照熟悉的常規的思維路徑去思考，即採用正向思維，有時能找到解決問題的方法，收到令人滿意的效果。然而，實踐中也有很多事例，對某些問題利用正向思維卻不易找到正確答案，一旦運用反向思維，常常會取得意想不到的功效——這說明反向思維是擺脫常規思維的羈絆，是一種具有創造性的思維方式。

著名哲學家叔本華曾經說：「人千萬不能生活於他人對自己的評價之中。」因為「他」認為，自己能否自在、獨立地生活生存，最重要最本質的前提是保持身體健康，這是一個人是否幸福的基礎，他人對自己的評價與幸福無關。完美主義者的其中一種類型是「被完美者」，這類人追求完美的動機是為了滿足他人的期望，這也是人們通常犯的錯誤，就是過於重視他人對自己的評價。

心理學上，關注他人對自己的評價是一種很正常的心理現象。過分高估他人說的話，在抬舉別人的同時貶低了自己。一百個人眼中有一百個哈姆雷特，每個人都會對他人持有不同的看法，他人的觀點不一定正確，沒有必要對別人的評價那麼較真、那麼重視。

人是群居動物，個體受到他人的負面評價時，擔心被群體排斥，為了獲得社會認同感，便會進行自我調整。「被完美者」特別在乎別人對自己的評價，無法客觀地分析他人評價的對錯。當聽到別人的負面評價時，首先想到的是「我怎麼又沒做好」，「我怎麼會這樣做」，「我怎麼就這樣笨」，「為什麼我總是做不好」……這是他們最直觀的想法，他們不知道換種方式去想：「換了別人就一定能做好嗎」，「這事確實是有難度」，「今天做不好，沒關係，我會努力提川自己」……假如改變自己的想法，反向去想，就不會對自己有過多的自責。

面對一件沒有做好的事，不要一味責怪自己，要根據具體原因去分析。要是自己不夠努力沒做好，以後就要努力去做；要是自己已經盡力而為了，那就坦然接受失敗並原諒自己，沒有人能什麼事情都做好。

我們無論做任何事情，都要有逆向思維的能力，都應該有這樣的想法，無論如何改變，也不可能得到所有人的喜歡，這是誰都無法否定的事實。太在意別人對自己的看法，只會讓自己無所適從，從而產生焦慮。當一個人失去自我時，也就失去了讓自己幸福的能力。

一位畫家，畫了一幅美女圖，他對自己的作品感到很滿意，認為找不出一點缺點。為了證實自己的想法，第二天，他來到人來人往的橋頭，把畫夾在畫架上，讓路人圈出他們認為最不滿意的地方。沒想到，一上午下來，畫家自認為沒有缺點的畫上，被人畫滿了圓圈。

畫家很難過，沒想到自己畫得這麼差勁，沮喪到極點，快快地收了畫回了家。一連幾天，畫家都垂頭喪氣，不想再畫畫了，想到自以為無瑕的畫被人貶得一無是處，內心充滿焦慮。

鄰居一位老者看到悶悶不樂的畫家，問他發生了什麼事？畫家把事情經過說了一遍，老者說，明天你還去橋頭，讓路人圈出他們認為最滿意的地方。畫家詫異地看著老者，他說：「每個地方都是缺點的畫，怎麼可能有人會認為滿意呢？」老者說：「聽我的，你儘管去。」

第二天，畫家於是再次來到橋頭。他懷著忐忑不安的心情，把畫夾到畫架上，讓路人圈出他們認為最滿意的地方。令人不可思議的一幕出現了，很多人拿起一旁的筆，在畫上圈出他們認為最滿意的地方。一上午下來，整張圖被畫滿了圈圈呢！

因為別人的否定，讓畫家信心全無，一幅第一天被人畫滿不滿意的畫，第二天卻被人又畫滿了滿意。同一幅圖畫卻有不同的結果，畫沒變，而是看畫的人變了，這個故事有力地證明了不同的人對同一事物有著不同看法的理論。

心理學家認為，一個人若太過在意他人的評價而感到焦慮，那就應該堅守住「本性」。這裡，讓我們堅守「本性」，實際上是從源頭對應焦慮與挫敗感。換句話說，就是進行逆向思維。那麼，如何才能逆向思維，堅守住「本性」呢？

1．**尋找自我價值**　完美主義者總是專注於把事情做得更好，卻忽視已經取得的成功。羅列自己獲得的成功，哪怕是很小的成績，這樣有助於找到自我價值感，進內建立起自我認同感。

2．**每天記錄令自己比較滿意的事**　準備一個小本子，一天結束時，在本子上記錄下當人令自己比較滿意的結果。一週結束，拿出本子看看一週的成就，然後給自己些獎勵。

3．**自己滿意就好**　有人喜歡你，也有人不喜歡你，我們無法做到讓所有人都喜歡。喜歡你的人會包容你的一切，不喜歡你的人怎麼努力都沒用，只要讓在乎你的人滿意就行，其他人的評價聽過就好，別放到心裡去。

4・做自己就好　樹立正確的自我認知，不要把自我價值依附在他人的評價中，做好自己就行。努力做讓自己滿意的事，而不是活在他人的期望中，這樣有助於建立自信心，能有效改變「被完美」帶來的焦慮與挫敗感。做到讓自己滿意的方法有以下兩種。

第一：做自己想做的事，以自己的方式做事，享受過程，即使結果不滿意，也能坦然接受。如果最後發現有更好的選擇，也不要後悔，因為那一刻曾經是最好的選擇。

第二：做一件事前，要先問問自己，做這件事值不值，有沒有意義，有沒有好處，有沒有幫助？回答「是」越多，就說明越是接近自己心裡最想要的，那就果斷去做。如果「否」太多，就是否定了很多自我想要的，更多的可能是在乎別人的看法，那就拒絕去做。

不管別人如何評價，首先是要認清自己，對自己有正確的認識。如果選擇了一條正確的道路，只顧埋頭前行就可以了。路是自己走的，再苦再累他人都沒法代走一步。只要一直在路上，哪怕每天只是一點點進步，目的地總會越來越近。

每個人的人生都是自己的，即使活在別人的評價裡，按著別人的方式去生活，也走不進別人的世界，在別人的故事裡永遠只是路演。對於別人的負面評價，反過來可以這樣想：「別人評價我，說明我是一個被關注的人，說不定他們是因為嫉妒我呢！」這種可能是存在的，不管別人如何評價，都要相信自己。

叔本華還說：「所有人最有價值的東西以及真正的人生，都是掌握在自己手中，而不是靠別人如何看待。」生活在別人的評價之中，只會讓自己更焦慮、更產生挫敗感、更不知所措……所以，不管你是誰，只管做自己！

現在來談一談「逆向思維法」的三大類型：

一、反轉型逆向思維法——

這種方法是指從已知事物的相反方向進行思考，產生發明構思的途徑。

「事物的相反方向」常常從事物的功能、結構、因果關係等三個方面作反向思維。比如，市場上出售的無煙煎魚鍋就是把原有煎魚鍋的熱源由鍋的下面安裝到鍋的上面。這是利用逆向思維，對結構進行反轉型思考的產物。

二、轉換型逆向思維法——

這是指在研究問題時，由於解決這一問題的手段受阻，而轉換成另一種手段，或轉換思考角度思考，以使問題順利解決的思維方法。

如歷史上被傳為佳話的司馬光砸缸救落水兒童的故事，實質上就是一個用轉換型逆向思維法的例子。由於司馬光不能通過爬進缸中救人的手段解決問題，因而他就轉換為另一手段，破缸救人，進而順利地解決了問題。

三、缺點逆向思維法——

這是一種利用事物的缺點，將缺點變為可利用的東西，化被動為主動，化不利為有利的思維發明方法。這種方法並不以克服事物的缺點為目的，相反地，它是將缺點化弊為利，找到解決方法。例如，金屬腐蝕是一種壞事，但人們利用金屬腐蝕原理進行金屬粉末的生產，或進行電鍍等其他用途，無疑是缺點逆用思維法的一種應用。

逆向思維法的應用範圍——

正反向思維起源於事物的方向性，客觀世界存在著互為逆向的事物，由於事物的正反向，才產生思維的正反向，兩者是密切相關的。人們解決問題時，習慣於按照熟悉的常規的思維路徑去思考，即採用正向思維，有時能找到解決問題的方法，收到令人滿意的效果。然而，實踐中也有很多事例，對某些問題利用正向思維卻不易找到正確答案。一旦運用反向思維，常常會取得意想不到的功效。

逆向思維法應注意的問題——

一、必須深刻認識事物的本質，所謂逆向不是簡單的表面的逆向，不是別人說東，我偏說西，而是真正從逆向中做出獨到的、科學的、令人耳目一新的超出正向效果的成果。

二、堅持思維方法的辯證方法統一，正向和逆向本身就是對立統一，不可截然分開的，所以以正向思維為參照、為座標，進行分辨。才能顯示其突破性。

逆向思維在市場營銷中的運作方式——

據說，一位裁縫在吸煙時不小心將一條高檔裙子燒了一個窟窿，致使其成為廢品。這位裁縫為了輓回經濟損失，憑藉其高超的技藝，在裙子四周剪了許多窟窿，並精心飾以金邊，然後，將其取名為「鳳尾裙」。推出之後，想不到大受歡迎！不但賣了個好價錢，還一傳十、十傳百，使不少女士上門求購，其生意十分紅火。該裁縫這種思維方式確實值得稱道。

缺陷與市場，從尋常眼光看，確實存在著難以逾越的鴻溝，但是尺有所短，寸有所長，商品本身存在著某些方面的不足，對於一定的市場而言，也許的確是缺陷，是不容許的，但從另一角度看，又未嘗不是潛在的市場呢？只要善於尋找兩者的最佳結合點，就可以創造出市場，開闢出新天地，市場經濟的實踐告訴人們，唯思路常新才有出路。墨守成規、邯鄲學步，亦步亦趨的經營思維方式在今天已難以取得商戰的勝利了。成功的喜悅總是屬於那些不落俗套、富於創意，勇於實踐的人們——逆向思維在市場營銷中，往往屢建奇功！

美國有一種番茄醬，跟同類產品比起來，濃度太高，特別濃稠，很多家庭主婦在使用時，總覺得不方便，市場前景不被看好。起初，經銷公司想重新研製配方，降低濃度，重新生產，但又覺得十分困難，風險又大。於是，他們認為，產品的缺點，其實正是它的優點。因為濃度高，說明番茄醬的成分多，水份少，營養更加豐富，味道更加純正。於是，他們加大宣傳力度，使這種觀點家喻戶曉。很快，其市場佔有率躍居同類產品榜首。

有時，按照常理，「循規蹈矩」地搞營銷，往往成效甚微，甚至蝕了老本。倘若打破常規，逆向思維，獨闢蹊徑，想人之所未想，為人之所未為，很可能會出奇制勝。

在創業的路上，很多人冥思苦想，常常苦於生意難做、企業難辦。如果能突破常規思維的樊籬，有意識運用與傳統思維和習慣不同的逆向思維方法，「反彈琵琶」，往往「曲徑通幽」，取得意想不到的效果。

創造財富，雖然是一件很不容易的事情，但只要創新思維，經營得法，就是處於「絕境」，也是可以求得「生機」，關鍵要看經營者有否洞察市場的「眼力」，能在瞬息萬變的市場中，發現市場的縫隙，捕捉到商機；要看出手是否靈敏，能先人一步，搶占市場的先機；要看有否「膽識，敢於充當第一個「吃螃蟹」的人，有一種勇於承擔風險的壓氣。如此，才能在風雲變幻的市場中，把握機遇，贏得一席之地，創造和積累財富。

「逆向思維」就是要善於打破慣性思維，開拓新的思路！

隨時隨地，讓腦筋轉個彎兒吧，神奇結果就在前頭等著——

日本有家「東洋人造絲公司」，他們在生產中遇到一個難題，即合成每根紗的5根線粗細總是紡得不均勻，技術人員想盡辦法也解決不了這個難題，大量次級品直接影響了公司的效益。

這時有個生產班長建議，既然5根線紡不均勻，何不索性生產一種表面粗糙的布料，給一貫追求光滑閃亮衣服的顧客來個「意外的驚奇」呢？

於是，公司採納了他的建議，結果這種表面粗糙、質地柔軟的新型布料投入市場之後，出乎意料地很受顧客歡迎。次級品的處理辦法通常是銷毀或降價銷售，而日本那家公司轉換思路，使次級品搖身一變為暢銷品，收到意想不到的效果。

「逆向思維」是對司空見慣的事物觀點，作出反其道而行，站在相反的立場來思考，倒過來思考反而能打破僵局，取得美好的進展，同時也能將複雜的事物或困擾的問題給予明朗化、簡單化。

第四章

「墨菲定律」の魔咒

——墨菲定律是生活定律，誰也逃不掉！

明明上班就要遲到了，好不容易擠進了電梯，偏偏每個樓層都要停！

——天啊！為什麼我的辦公室要在二十五樓……

等公車等得不耐煩了，剛剛招手攔下一部計程車，回頭一看公車卻來了！

——哎，我又何苦多花一筆冤枉錢了……

停車時，好不容易找到一個空位，搞了老半天，才發現車子竟然不進去！

——早知道，買車的時候就應考慮到停車的問題了……

在生活中，這些令人抓狂的事，幾乎天天都在上演著，為什麼人們常會遇上這種既不順心又倒楣的事呢？

別急！因為這就是在生活中無孔不入、鼎鼎大名的——「墨菲定律」。

「墨菲定律」、「帕金森定律」以及「彼得原理」——並稱為二十世紀西方文明的三大發現。

「墨菲定律」主要內容有——

一、任何事都沒有表面看起來那麼簡單；

二、所有的事都會比你預計的時間長；

三、會出錯的事總會出錯；

四、如果你擔心某種情況發生，那麼它就更有可能發生。

二〇〇三年美國「哥倫比亞號」太空梭即將返回地面時，在美國德克薩斯州中部地區上空解體，機上6名美國宇航員以及首位進入太空的以色列宇航員拉蒙全部遇難。「哥倫比亞號」太空梭失事也印證了「墨菲定律」。如此複雜的系統是一定要出事的，不是今天，就是明天，合情合理。一次事故之後，人們總是要積極尋找原因，以防止下一次事故，這是人的一般理性都能夠理解的否則，或者從此放棄航太事業，或者聽任下一次事故再次發生，這都不是一個國家能夠接受的結果。

人永遠也不可能成為上帝，當你妄自尊大時，「墨菲定律」會叫你知道厲害；相反，如果你承認自己的無知，「墨菲定律」會幫助你做得更嚴密些。

「墨菲定律」用一句話解釋是：事情往往會向你所想到的——不好的方向去發展，只要有這個機會。比如說，你口袋裡有兩把鑰匙，一把是你房間的，一把是汽車的：如果你現在想拿出車子鑰匙，到底會發生什麼事呢？是的，你往往是會掏出房間的鑰匙。這就是著名的「墨菲定律」。

愛德華．A．墨菲是美國空軍基地的上尉工程師。一九四九年，他和他的上司史塔普少校，在一次火箭減速超重試驗中，因儀器失靈發生了事故。墨菲發現，測量儀表被一個技術人員裝反了。由此，他得出的教訓是：如果做某項工作有多種方法，而其中有一種方法將導致事故，那麼一定有人會按這種方法去做。

換種說法：假定你把一片乾麵包掉在地毯上這片麵包的兩面均可能著地。但假定你把一片一面塗有果醬的麵包掉在地毯上，常常是帶有果醬的那一面落在地板上。在事後的一次記者招待會上，史塔普將其稱為「墨菲法則」，並以極為簡潔的方式作了重新表述：「凡事可能出岔子，就一定會出岔子。」

世間萬物雖幻化千姿、窮盡萬象，但萬變不離其宗，表面的變化蘊含著不變的規律。如果你能參透其中的奧秘，掌握其中的要義，並能靈活機動地運用，那麼你將不會被事物的表象所迷惑，能透過複雜的現象抓住事物的本質。

「墨菲定律」告訴我們，當面對不盡如人意的結果，我們一定要懂得，不如意才是生活的常態，事事順心也就只是春節拜年時說的一句客氣話罷了。當我們發現事情的結果不如我們預期的好，就要按照下面的步驟思考，對自己進行心理重建，最大程度避免「怕什麼來什麼，越擔心就越會發生」的事情發生。

我相信以下這個故事，很可能都會發生在每一個家庭之中——

星期天，媽媽對正在津津有味看著卡通影片的小兒子說：「你去幫我買瓶醋回來！」

小兒子往外走，媽媽想了想，又叫住他說：「千萬記好了，一定要買醋，不要買成醬油。我們家的醬油還有很多呢！」

過了一會兒，小兒子回來了。

媽媽看了氣得幾乎說不出話來，原來小兒子竟然真的買回來了一瓶醬油。

媽媽說：「我不是讓你買醋嗎？我還特別提醒你不要買成醬油，我們家的醬油還有很多呢！」

小兒子委屈地說：「就是因為妳讓我不要買成醬油，所以我滿腦子裡都是在想買醋，買醋，不要買成醬油，不要買成醬油，醬油，醬油……最後我真的以為是要買醬油了。」

如果媽媽直接說去買醋，而不提到醬油，那麼兒子就不可能會買錯了。所以，教導孩子只要明確說出目的即可，囉里囉嗦反而是「畫虎成犬」！

很多時候，如果片面地去刻意強調事物的特性，反而會起到負面的作用，這也是一個物極必反的道理。我們在做任何事情的時候，千萬不要把事情過於複雜化，簡單的時候就是簡單，太多的顧慮反而會讓我們走彎路，事情的結果也會和我們的希望不一致。

現實生活中，很多人都有僥倖心理，而「墨菲定律」就是對這種僥倖心理的最好駁斥。所以，我們每做一件事，心理都要先有一把尺：

首先，第一步是搞清楚沒有達到預期效果的結局，究竟是人為引起的，還是不可抗因素引起的？這兩種情況有本質的區別，就比如有人要辦一場戶外的大型演唱會，但是因為宣傳工作不足，導致賣座情形不理想，這就是人為原因；而如果是因為想要辦演唱會的當天下了大雨，不得不取消演出，那這就是不可抗力因素。在分析的時候，對於人為因素，只要找到了，就可以在以後的工作中做出調整，而對於那些所謂的「天災人禍」，既然避免不了，那以後也就把它們當作可能變數，從一開始就要好好考慮。

其次，當你認為結果沒有預期的效果好時，不要一味地要求達到自己的心理預期，有時候沒有達到預定結果，並不等於一個失敗的結果。講完美主義的人會活得非常非常的疲勞。比如說，有些事情雖然沒有達到一百分，但是九十五分的成績一樣是優異的，也是令人滿意的。這時候你卻因為沒有得到一百分而鬱鬱寡歡，那就顯得有點兒過於較真，這不太有利於你繼續進步。

最後，要建立這樣的認知——不管怎麼說，當生活中的點點滴滴跟你想像的不一樣，不要沮喪，不要覺得是自己不優秀，不要覺得是自己的目標定得過高或者過低。不可預測的結果可以由很多因素造成，絕對不會只是單單因為某個人或者某個原因導致你內心的落差。

總之，當我們面對這些不盡如人意的結果，如果我們確實盡了全力，那麼不妨接受「墨菲定律」所帶來的現實，不要對「怕什麼來什麼，越擔心就越會發生」有太多的迷信，告訴自己，「這次失敗也不過就是偶然，再給我一次機會，我一定能做得更好」；如果因為一些外力造成了你的失敗，那麼就請你下次的時候把這些外力集中調整，儘量讓自己的結果少受它們的幹擾。然而如果你的失敗是因為你的不盡力，那麼沒什麼可說的，既然你想要一個令自己滿意的結果，就請你先做出一個令自己滿意的姿態吧！

事事追求完美，是人的通病。

功課非得第一不可，不是夢中情人就瞧也不瞧一眼，手上的案了非得看了又看，覺得沒有缺點了才會交出去——這就是追求完美。

未達滿意狀態之前，我們只會極力改善，一心老是想著：「離目標還遠得很呢！得再加把勁才是。」誰也不會稍事休息一下，給自己來點愛的鼓勵：「你做得不錯喔！已經很棒了。」

於是乎，我們總在「修正、再修正、不斷的修正」的漩渦裡打轉，唯一的出路就是捲進水底那個無底洞淹死，永遠都遊不上岸。

人人都想追求完美，那是因為我們本身就不完美。聽到這句話，也許你會這麼想：「我們都不完美？哇，那不就糟了嗎！」相反地，我的反應是：「哇，這不是一種解脫嗎！」為什麼？因為我們不完美，所以我們不需要事事都做到完美，只要盡心就可以了。

為了完美，我們不曉得花了多少心血。結果呢？也許你花了一天的時間就完成了99.8％。但因覺得還不夠完美，於是再潛心加強。一個月後往前推到了99.9％，值得嗎？多花了三十倍的心血，進步的幅度卻只有0.1％而已，這樣的投資報酬率也未免太低了點吧！

是的，萬物都不完美，唯一的完美，大概就只有造物主而已。然而，誰又知道呢？也許祂老兄也認為自己還有許多地方不完美？

不完美並不代表我們就不能恭賀自己，只要能比以往進步一點，就值得我們樂個半天。比方說，當我在寫這本書的時候，我的目標是每天要寫十頁，這十頁並不是完美的十頁，或是可以馬上發表的十頁，只不過是草稿而已。每當完成了十頁草稿，我就會找個方法來恭賀自己一番。

有時候，我們只消駐足、拍拍自己的肩膀說：「今天事情處理得不錯。」只要你是站在自己的崗位上，你絕對是值得讚賞的——為自己喝采吧！

不可諱言，每個人都會有心存僥倖的時刻，總認為自己不會是最倒楣的那一個，或者說總是存在著過多而且過於美好的希望，總希望會出現轉機，或者認為這次是個天上掉餡餅的好機會，於是就放鬆了警惕。

「墨菲定律」的實質告訴我們：不要存在僥倖心理！所以要杜絕「墨菲定律」也很簡單，就是不能心存僥倖。

僥倖心理、實質上是一種自欺欺人的不健康心理，心存僥倖者把出於偶然原因而得到的成功或免去災難的事實看作是具有普遍性的，或者認識到其偶然性的存在卻盲目地認為自己可以獲得成功或免去災難。最常見的情況是，駕駛不遵守交通規則，闖紅燈以致釀成大禍，鬧出人命，往往會改變了他人與自己的人生……不檢討自己，卻會說自己倒了八輩子的楣……

「墨菲定律」認為，事情如果有變壞的可能，不管這種可能性有多小，它總會發生。但若從反方向來理解，如果事情有變好的可能那麼不管這種可能性有多小，它也總會發生。對於成功正是如此。

即使上帝給你關上所有的門，也會給你留下一片窗。天無絕人之路，不管你經過多少挫折和磨難，只要你努力，一定會創造出奇跡。

因此，只要能夠及時調整自己的心態，鼓起勇氣從失敗的陰影中走出來的人，本身就是一種成功。

現實生活中，有人會因為失敗而放棄，也有人因為戰勝失敗而成就一番更大的事業；有人會因為對手強大而畏懼，也有人會因為挑戰巨人而使自己快速成為巨人：有人會因為產品賣不出去而抱怨產品抱怨公司、抱怨顧客，也有人因為產品賣不出去而創造出大受市場歡迎的新產品和新服務；有人會因為受不了上司的嚴厲，有人會因為「嚴師出高徒」而使自己能勝任更複雜的工作後不斷高升！人生正是這樣，不斷地經受磨難，才能變得更堅強。永遠要勉勵自己——你從失敗中學到的經驗是一輩子寶貴的財富。

有人說，「墨菲定律」就像是一個叛逆小子，讓人很難駕馭！

——事情的表面看似簡單，實際上卻不像看上去那麼簡單。

——凡事所需的時間都會超出預期的時間。

——如果幾件事都有可能出錯，那麼造成最大傷害的那一件就會出錯。

——如果你發現有一件事有四種破綻並加以防範，可偏偏第五種破綻馬上就會出現。

如果把話說明瞭，就變成「凡事只要沒問題，就會有問題！」

「墨菲定律」乍看之下，可能會感覺十分負面，因為生活中的所有倒楣事總會赤裸裸地在它面前呈現出來，而無所盾形！

但其實，倫敦帝國理工學院的數學名譽教授大衛・哈德指出，這種「預示」效果實際上更多是來自人們心理的選擇偏差，人們會下意識將倒楣事記得更深，反之美好的事則會逐漸忘記。

因此，我們也可以說任何事情，只要能往正確的方向發展，就會往正確的方向發展。也就是，凡事要多想想好的一方面啦！

人們往往會因為依賴心，而墮入了鬆懈的窠臼，所以常常犯錯；如果依賴心不存在了，犯錯的機會也就減少了。

例如，買回一瓶修正液，心情格外輕鬆。用不著再緊張兮兮、小心翼翼了。抄寫錯誤再多，我也能把它們塗成白色，改成對的。錯了塗，塗了錯，有時一個格子能塗成一座白色的小山。於是，抄好的稿子儘管常像打滿補釘的衣服，但還是竊喜於這塗改錯誤的能力。

可是，某一天修正液剛好用完了，再擠不出一丁點兒。抄寫於是變得謹小慎微，如履薄冰。誠惶誠恐抄完一頁，回過頭來檢查檢查，竟找不出一處錯誤，恰如一件完美的新衣。

所以，從修正液中我們也可以獲得一些啟示——

在不經意中常犯錯，因為我們總認為還有許多改正的機會，所以放鬆警惕。凡事要全身心投入，不論大小事，都要認真對待。小事做不好，大事更難以令人放心，關鍵是我們要培養一種執著、認真的精神，才能少犯錯誤。

因此，「墨菲定律」也可以在為人處世方面起了警惕的作用！

不過，「墨菲定律」在某種程度上也可以叫做「倒楣定律」：怕什麼、來什麼，不想遇到什麼、就偏偏遇到什麼，屋漏偏逢連夜雨……

長久以來，多數人都是這樣理解壞事或不如意的事。

比起把糟糕的結果歸咎於我們的能力，很多人更願意說「是我太倒楣了」、「是我運氣不好」，其實，無非就是想說：「這件事不能怪我！」

不可否認，運氣，在我們的人生中是佔很重要的一部分。

但倒楣只是單純的因為運氣不好嗎？難道你這輩子的運氣都用光了？

現在，我們就換個角度來探討一下，是不是在這個人世間，只有你才是住在「倒楣的國度」，其實不是的，不然我們就來看看這三種人——

第一種人：想做什麼、就馬上做什麼！

這種人做事不按牌理出牌，很隨性，毫無計劃、亂無章節的，只要性子一起就會衝得比任何人快，汗也會流得比別人多……可結局往往不如預期而大失所望、抱怨連連……

第二種人：老是虎頭蛇尾、丟三落四的！

這種人做事剛開始總是很帶勁，而且喜歡到處張揚，不過雷聲大雨滴小，到頭來往往不了了之；同時行事馬虎、粗心大意，常常丟東丟西，一下子雨傘、外套，一下子手機、充電器……所以這種人不止隨性，簡直太過任性了……

第三種人：一天到晚到在怪別人！

也許這種會有點學歷或有些資歷，老自識高人一等，不合群、沒有合作精神，事情搞砸了，不知反省，卻只會怪東怪西怪別人，好像他不是圈內人，任何壞事都與他無關，太自以為是、太太超過了……

因此，以上這三種人，怎能怪「墨菲定律」是有如來佛的魔咒金箍棒呢！

我們喜歡一個人，並非因為他聰明、漂亮、有能力，而是僅僅因為對方表現出喜歡我們，所以我們也會喜歡他們。

所以你看，想在職場上收獲一個好人緣，其實並不一定需要你多麼厲害、多麼有效率，只要你表現出友善，讓別人一想到你就心情愉悅，這段美好的人際關係八成是水到渠成了。

除非是那種跟誰都處不好的，一般情況下，只要你先伸出橄欖枝，別人通常都會回應給你一個積極友好的態度。

所以，很多人抱怨說：「那件事搞砸了，是因為沒人幫我，我很倒楣！」其實只要稍微往深處想想，沒人幫忙，不就是因為平時沒有積累良好的人際關係嗎？如果改善了這一點，職場生涯會更加順遂。

如果只是寄希望於虛無縹緲的運氣，而自己不做出實質性的改變的話，運氣再好，也不見得會有多成功。

而能力這東西，是需要慢慢積累的，短時間內看不出太大的效果；

但是人類思維方式的改變，就在我們的大腦之中，只要通過適當的閱讀和理解，就能看到立竿見影的效果。以這種角度來探討「墨菲定律」——反而是可以讓你從思維的層面去獲得自己智慧提升的好書。

至於，也有人將「墨菲定律」的魔咒與「黑天鵝效應」相提並論，然而，事實上卻是有所區別的。

「黑天鵝效應」是塔雷伯出版的作品，本來是指金融事件，後來被擴大解釋為——指極不可能發生，實際上卻又發生的事件。

它主要具有三大特性：

一、這個事件是個離群值，因為它出現在一般的期望範圍之外，過去的經驗讓人不相信其出現的可能。

二、它會帶來了極大的衝擊。

三、儘管事件處於離群值，一旦發生，人會因為天性使然而作出某種解釋，讓這事件成為可解釋或可預測（此非要件，只是解釋人類現象的一環，僅滿足前兩者即可稱之「黑天鵝事件」）。

這個「黑天鵝效應」的典故來自十八世紀歐洲人發現澳洲之前，由於他們所見過的天鵝都是白色的，所以在當時歐洲人眼中，天鵝只有白色的品種。直到歐洲人發現了澳洲，看到當地的黑天鵝後，人們認識天鵝的視野才打開，只需一個黑天鵝的觀察結果就能使從無數次對白天鵝的觀察中歸納推理出的一般結論失效，引起了人們對認知的反思——以往認為對的，不等於以後總是對的。

「黑天鵝」隱喻那些意外事件：它們極為罕見，在通常的預期之外，在發生前，沒有任何前例可以證明，但一旦發生，就會產生極端的影響。

墨菲定律的引申為「所有的程式都有缺陷」或「若缺陷有很多個可能性，則它必然會朝往令情況最壞的方向發展」。說的更白話一點就是「明明之前應該都沒問題，偏偏關鍵時刻就是出錯了」。

行政管理涉及的因素非常複雜，單就人為而言，管理學家也是極難解釋。故此，管理者自不能避免目標制訂和執行永不出錯。這個管理原則說明，如果一個危機將要發生，它總會發生。換言之，管理者需要時時刻刻做好準備，面對到來的失誤和失敗。

墨菲理論沒帶有事情必壞或必好的成果，它只是讓管理者知道，能發生的事，總會發生。換言之，管理者必須對所有可能會發生的事情作好周全的準備，這也就是為何泳池等場所也要配備滅火器等設備的原因之一。

為什麼人們往往忽略罕見的事件？部分由於人類在大多數情況下是無知的——

突發事件（如，九一一恐怖攻擊）的影響遠超出人們所能想像的程度。

塔雷伯認為，所謂「我們知道」，在許多情況下都是幻覺——人類傾向於認為自己知道，卻缺乏一個穩固的基礎。而「我們並不知道」這說法源遠流長，至少從蘇格拉底時代已有。

同樣地，對於那些認為某人創造的著名的科學成果，塔雷伯則認為，科學並不是把世界變得虛擬，它只是「發現」一些都是已知的事實。

所以，黑天鵝強調是超出人類期望和認知的重大事件，人類無法避免，儘管事後會找出種種理由來自我安慰。它與墨菲定律最大的不同是它強調不可預料性（人類不知道什麼樣的壞事會發生，也不知道會怎樣發生），而墨菲定律恰恰強調的是可預料性（知道壞事是什麼，甚至也知道壞事會如何發生）。相同點是兩者都強調不可避免性，黑天鵝事件超出我們的認知，所以無法避免，而墨菲定律中的壞事因為經歷的次數足夠多，也無法避免。

從使用語境上講，墨菲定律更類似一種黑色幽默的調侃，而黑天鵝則更嚴肅，代表一種對歷史事件的認知方式。

第五章

別鬧了，墨菲

——只要懂得墨菲定律的反面，你就可以解除魔咒了！

「墨菲定律」果然威力無窮！

大導演克里斯多福・諾蘭在二〇一四年的年度大片《星際效應》（另譯《星際穿越》）中，也將它帶入劇情中：曾是美國太空總署工程師的庫柏（馬修・麥康納飾），有一天早上，他十歲的女兒墨菲（麥肯基・弗依飾）發現她書架上的無故掉在地上，她認為是幽靈搞的鬼，但庫柏希望她用科學的角度去思考，接著在上學的路上他們的車子剛好也爆胎了，在路邊換輪胎時，墨菲向父親抱怨連連，她說這都要怪墨菲定律……

「車胎爆了而已——墨菲定律？」

「怎麼了，墨菲？」

「為什麼你和媽媽要用不好的事給我取名字？」

「我們沒有啊！」

「墨菲定律呢？」

「墨菲定律並不是說會有壞事發生，而是說只要有可能的事，就一定會發生，而這聽起來並沒什麼不好啊。」

如果一定要把「墨菲定律」用單面思考的方式，那真是太不科學，因為墨菲定律不見得是消極或負面的；相對地，它反而是有了不起的積極作用與正面意義。

蘇珊娜·C·塞格斯特倫，是列克星敦肯塔基大學心理學副教授，坦普爾頓積極心理學獲得者，多年來對樂觀與幸福的關係進行了深入的研究，她的研究獲得了美國國立衛生研究院、諾曼心理神經免疫學項目和達納基金會的資助。

幾年前，蘇珊娜·C·塞格斯特倫博士為我們提供了一個全新的視角——打破墨菲定律。她在自己的著作《打破墨菲定律》中，用流暢的語言為我們科普了積極心理學的相關內容，不僅讓我們明白心態樂觀的人更健康，同時還讓我們瞭解到，樂觀與生俱來，樂觀可以實踐，樂觀還可以傳染……

更難能可貴的是，塞格斯特倫博士在書中給出的內容都有著紮實的科學研究做支撐，這使我們每個人能按圖索驥地按照書中方法，去打破自己的墨菲定律。

一、你對事情的看法是什麼？

關於一個人是樂觀還是悲觀，網上有很多著名的段子：

比如，兩個人同時看到了半杯相同的水，一個人會想，還有半杯水，而另一個人則會覺得，只有半杯水了。

還看到過一個故事，一位父親買了許多色澤鮮豔的新玩具給一個孩子，又把另一個孩子送進了一間堆滿馬糞的車房裡。

第二天清晨，父親看到玩具堆裡的孩子正泣不成聲，便問：「為什麼不玩那些玩具呢？」「如果玩了就會壞掉啊！」孩子仍在哭泣。

父親嘆了口氣，走進車房，卻發現那孩子正興高采烈地在馬糞裡掏著什麼。「告訴你，爸爸，」那孩子得意洋洋地向父親宣稱，「我想馬糞堆裡一定還藏著一匹小馬呢！」

那麼，是否通過生活中的一件小事，我們就能判斷一個人一定是悲觀、還是樂觀嗎？當然不能。

在蘇珊娜看來，樂觀是一種人格特徵。人格又稱個性，是個人帶有傾向性的、本質的、比較穩定的心理特徵（興趣、愛好、能力、氣質、性格等）的總和，具有整體性、穩定性、獨特性和社會性這幾個特點。因此，我們不能僅憑一個人一兩次的行動就判斷他是悲觀、還是樂觀，而要根據這人長遠的行為模式來做綜合判別。

面對同一種境況，不同的人有不同的心情、理解。滿懷激情，你就會有一種振奮的感覺；失意悲觀，你就會有一種痛苦或失落的感嘆。當自己人生理想不能實現，或者見解、行為不為世人所理解時，都會使人迷惑、失意。現實生活中的種種情緒，會使人對境況產生相同的或近似的聯想、類比。模擬英國政治家狄斯雷利所說的名言——境遇不造人，是人造境遇。

天上有隻鳥在飛，一位荷著鋤頭的農人嘆氣道：「牠真苦，四處飛翔為覓一口食。」另一位倚窗懷春的少女也正好在看這隻鳥，她嘆氣說：「牠真幸福，有一雙飛翔的翅膀。」

由於境由心造，人們很容易將思維編入既存的框架裡，或滿足或失意或進取等等，產生「命中註定」或「無法更改」的思維定式。

例如：逐漸失去踏出圍繞我們的框架的勇氣，然後將自己對人生的夢想和野心一個個拋棄掉。而沒有追逐夢想、實現野心的激情，人生將會缺乏激情。

境由心造，雖說道理十分簡單，可做起來並不容易，世界上許許多多的事情，需要我們真實面對，也需要我們好好把握。

二、樂觀是一種文化嗎？

是否樂觀與很多因素有關，從大的角度來說，不同國家的人的樂觀程度便不一樣，研究表明，大多數人美國人都很樂觀，而其他國家的人卻並非如此，這一點與各自不同的國家文化有關。

在心理學家看來，某些國家，包括美國、加拿大、澳大利亞和西歐的一些國家是個人主義傾向的，這些國家的價值觀往往強調個人，大多數人關心的是最大化他們的個人幸福，從人群中脫穎而出，獨立和自給自足，每個人都是一個整體。

而另外一些國家，比如大多數亞洲國家，以及東歐和歐洲的地中海國家則是集體主義傾向的，這些國家的價值觀強調集體主義，大多數人關心的是他們所屬的社會群體的幸福感、與周圍的群體保持一致、融入社會群體。

書中用了兩個形象的例子來說明這兩種文化的區別，生活在個人主義文化中就像一百公尺短跑，你不需要關心別人在想什麼，比賽中的不確定性也不會傷害到你，你可以通過比其他人跑得更快而贏得勝利。

能滿足於現狀的人，就會擁有全世界的快樂。

從前在遙遠的國度中，住著一位小王子。他是有史以來最快樂的小王子。每一天他都快樂地大笑、唱歌和遊玩。他的聲音就像音樂一般地甜美。不論他走到哪裡，都帶給大家快樂。每個人都認為這是因為有魔法項鏈的關係。在小王子的脖子上掛著一條金色的項鏈，上面有一顆神奇的心。那顆心也是用黃金打造的並鑲有貴重的寶石。

在小王子很小的時候，他的教母送給他這顆心，在她把這條鏈子戴在小王子那滿是捲髮的小腦瓜時曾說：「戴著這顆快樂的心，會讓王子永遠快樂。要小心，別弄丟了。」

所有照顧小王子的人也都會小心地把那條有快樂的心的項鍊緊緊地扣上。但有一天，他們發現小王子在花園中顯得非常地悲傷。他的臉緊緊地皺成一團。

「你們看！」他說，並指指他的脖子。然後，大家就知道發生了什麼事。快樂的心不見了！大家都找不到它，小王子一天比一天變得更悲傷。有一天，小王子不見了。他自己一個人離開了，去尋找那顆他所極珍愛的遺失的快樂的心。

小王子找了一整天。他在城裡的街道巨和鄉間的小路上搜尋。他在店鋪裡找，也在富人居住的房門中張望。但是，到處都找不到他那顆遺失的心。到了傍晚，他又累又餓。他從沒有走過這麼遠的路，也從不曾感到這麼疲累。

太陽下山時，小王子來到一棟位於森林邊緣的小屋子前，這個小屋子看起來非常破舊，只有一線燈光從窗戶中投射出來。然後，他以一個王子的身分，撥開門閂走了進去。

屋裡有一位母親正在哄小嬰兒睡覺，父親正在大聲地朗讀一個故事，小女孩正在佈置晚餐的餐桌，和小王子年齡相仿的小男孩正在生火。母親穿的衣服很舊了，而他們的晚餐只有麥片粥和馬鈴薯，爐火也很小，但是一家人都像小王子所渴望的那麼快樂。孩子們雖然光著腳，臉上卻掛著笑容。而母親的聲音是那麼的甜美！

「你要和我們一起吃晚餐嗎？」他們問。

他們似乎沒有注意到小王子那張皺成一團的臉。

「請問你們快樂的心在哪裡呢？」小王子急切地問他們。

「我不知道你在說什麼。」小男孩和小女孩說。

「為什麼？」小王子說：「你們每個人都像脖子上戴了金鏈子一樣，才會這麼快樂。我也想像你們一樣。你們的金鏈子在哪裡？」

呵！這些孩子們開心得大笑！

「我們不需要戴金心，」他們說：「我們都深深愛著其他的家人。我們在遊戲時把這間屋子當成城堡，而且我們有火雞和霜淇淋當晚餐。晚餐後，媽媽會為我們說故事。我們只需要這些就可以很快樂了。」

「我要留下來和你們一起用晚餐。」小王子說。

所以，他就在這間像是城堡一樣的小屋子裡吃晚餐，把麥片粥和馬鈴薯當作是火雞和霜淇淋。他幫忙洗碗盤，然後他們都坐在火爐前，把小小的爐火看成是燒得又旺又大的火焰，一邊聽母親說著仙女的故事。

突然，小王子開始笑了。他的笑容就像以往那般幸福，他的聲音也再次像音樂般甜美。這個晚上，他過得非常快樂。然後，男孩陪著他走向回家的路。當他們就快抵達皇宮大門時，王子說：「真奇怪，但我真的覺得好像已經找到了我的快樂的心。」

男孩笑了起來。「有什麼好奇怪的，你是已經找到了，」他說：「只不過現在你把它裝進了身體裡面罷了。」

生活本身說是在許多的辛苦和煩惱中繼續的，從痛苦中瞭解人生的真諦，從困難中取得生存的經驗也從愁怨中得到快樂的源泉，善於超越苦難，超越自我，就會歡樂常在。

三、樂觀是一種個性，不是運氣

許多人會認為一個人是否樂觀，與他的國家、父母、所接受的教育、周圍環境有關，相信樂觀主義很大程度上是自己無法控制的，是被強加到自己身上而不是由自己創造的，在人格心理學中這被認為是一個「自上而下」的理論人格。

而蘇珊娜則提出一種「自下而上」的觀點，這種觀點認為定義個性的力量在於行為，你的行為就是你的個性，也就是說：你每天做什麼，甚至每個小時內做什麼，決定了你是什麼樣的人。

因此，我們可以通過後天的努力，讓自己樂觀起來，就像作者在書中所寫的那樣：樂觀並非指某個人的成功或失敗，而是個體所經歷的眾多事件的集合，樂觀者之所以快樂和健康不是因為他們的身份，而是因為他們的行為方式。

一件事情的不同解釋，往往可以帶來完全不同的兩種結果。

相傳，以前有個書生，屢試不第。適逢開科，書生欲往應試。行前晚上，書生做了三個怪夢，大惑，不知功名是否有望，特地去找善於解夢的岳母解說。

登門，適逢岳母外出，小姨子出來接待說：「小妹我亦能解夢，姊夫但說無妨。有些難解之夢，母親還來求我呢！」

書生猶豫片刻，才說了出來：「我第一個夢是夢見我家的牆頭上孤零零地長了一棵草。」

小姨子說：「這是說你沒有根基。」

書生又說：「第二個夢，是夢見我戴著斗笠打傘。」

小姨子解釋：「這是說你多此一舉。」

書生聽了很掃興，已裡涼了大半截。

小姨子又問：「第三個夢呢？」

書生便說：「恐有冒犯，不說罷了。」

小姨子說：「自家大面前，不必拘禮。」

書生說：「第三個夢，是夢見我和妳背靠背睡在床上。」

小姨子瞪了書生一眼道：「那是說你這輩子休想！」

守書生聽罷甚為懊惱，看來今生功名無望，只好悒悒而歸。

行至半途，恰遇岳母，遂告之。岳母聞言大喜，連說好兆、好兆頭啊！

書生不解，岳母回答說：「第一個夢，牆頭上孤零零地長了一棵草，是說你高人一等；第二個夢，戴著斗笠打傘，是說你官（冠）上加官（冠）。」書生眉頭漸展，急忙問：「第三個夢又作何解釋呢？」岳母回答：「那是說你終有翻身的時候。」

書生聽了，喜上眉梢。立即收拾行李，滿懷信心進京應試去了。

所以說，樂觀是一種個性，只要你養成了這種個性，就就會有好運氣了。

另外，我們可以通過寫日記來使自己變得樂觀，將自己內心深處的真實想法與感受記錄下來，這可以使我們重新關注未來積極的一面，並且能使我們更好地進行自我調節。

我們也可以通過改變生活的方式來改變思維方式，讓自己在生活中變得積極起來，從而使自己成為一個樂觀的人。之所以推薦大家這麼做，首先，自然是因為行為比思維和情緒更容易改變；其次，當你以改變行為為目標時，你不必關注思維和情緒，更容易達成自己的目標，在不知不覺中變得樂觀。

總之，大多數樂觀者的樂觀性格都不是天生的，我們完全可以在自己的生活中，通過培養樂觀的心態、不斷給自己積極的暗示，打破墨菲定律，讓自己成為一個樂觀的人。

「墨菲定律」還有一個核心論斷：如果事情有變壞的可能，不管這種可能性有多小，它總會發生。

很多人對這個核心論斷有誤解、甚至故意曲解，認為：是壞事就一定會發生。

「墨菲定律」是建立在兩個條件基礎上的：

一、事件發生機率大於零

二、時間足夠長或樣本足夠大。

脫離這兩個條件，「墨菲定律」並不能成立。

「墨菲定律」真正告訴我們是：事情往往會向你所想到的不好的方向發展，換句話說就是，如果你感覺某件事情要出錯，那它就一定會出錯，這並不是一種強調人為錯誤的機率性定理，而是闡述了一種偶然中的必然性。

舉個例子。你有一個家傳的寶貝，非常珍貴，你擔心它被人偷去，於是把它藏在一個隱蔽的地方，並且定期去查看，時間久了，就一定會引起別人的注意，最終這個傳家寶果然就被偷走了。

所有看似偶然發生的事件，其中都隱藏著必然的原因。

「墨菲定律」有自己的成立條件，脫離條件，在有限的時間內，墨菲定律並不一定成立。

「反墨菲定律」同樣建立在這兩個基礎之上，並且可以得出三個結論。

一、任何問題都可以拆分成簡單的問題

二、只要事情有可能成功，就一定能成功；

三、如果你對某件事充滿信心，那麼它就更有可能成功。

脫離條件，這三個結論也是不能成立的。

這三個結論真正告訴我們的是：只要你做好準備，並且長久的堅持，你所想要做的事就能實現。

「墨菲定律」還闡述了人對未來的預測，感覺這件事要出錯，這就是對事件未來的一個預測。預測是建立在收集資訊和分析資訊的基礎上的，這個資訊可能來自過去經驗，也可能來自未來傳遞。

「反墨菲定律」則顯示信心對人的改變，信心對人來說非常重要，既是情緒、也是心理，更是一種狀態，這種狀態可以增強人的對事物的感知和把握，提升成功的可能性。

「墨菲定律」和「反墨菲定律」是基於相同的條件產生的完全不同導向的理論。這就產生了一個很有趣的問題：有了墨菲定律的想法之後，反墨菲定律很容易就能夠想到，為什麼在當時提出的是墨菲定律而不是反墨菲定律？

因為人們更注負面資訊，而對正面資訊的注意程度不足。可以回憶一下你對丟錢記憶更深還是對撿錢記憶更深，亦或者試想一下：丟一萬塊錢和撿到一萬塊錢，哪一個對你的心情影響更大、更久遠？

對於大多數人來說，同等程度下，負面對人影響更深（會有部分人例外），丟失一樣原本屬於你的東西，得到一樣原本不屬於你的東西，失去的痛苦大於得到的喜悅，這是人的生存本能決定的（一些東西得到更多只是生存更好，失去可能會影響生存）。

所以，墨菲定律會讓人印象深刻，反墨菲定律大多數人則不會在意。因此，從人的性格來看，大多數人保守，少部分人喜歡冒險。但是，如果你想要得到更多，就要去承擔這個風險。

這個風險可能是辛苦、可能是失敗、可能是一無所得，沒有這樣的勇氣和堅定的信念，一心想著天上掉餡餅，命再怎麼算都沒用。

一個人就是要有勇氣想要改變、去做改變，他才能成為改變自己命運的主人。

能夠讓「墨菲定律」中「怕什麼，來什麼」這一怪現象橫行霸道的原因：

1．成功與否的真正因素是內因，但是我們卻往往把失敗和挫折看成是運氣、環境或他人造成等外部因素，所以才會陷入：怕什麼，來什麼的怪現象。

2．過分地看重輸贏和成敗，將自己置於一種緊張焦慮的高強度壓力之中，導致在做事情的時候，瞻前顧後，患得患失，終究沒能把事情做好。

在心理學上有一種現象，就是負面心理暗示會對人的心態及行為造成不良影響，而正面的心理暗示，則會讓人獲得從失敗走向成功的峰回逆轉，這就是我們說的「吸引力法則」。

的確如此，夢想就像是一個頑皮的孩子，有時候你越想得到她，它就越會跑的更遠，甚至用躲避的方式來住弄你。但如果你在她面前蹲下，對他敞開雙臂，努力地對她示好，他反而會笑著撲進你的懷抱。

要打破墨菲定律的「魔咒」，我們就要善於利用「吸引力法則」，用積極的心理暗示，以肯定式的語言做表述，即便遭遇挫折，也要充分發揮自身潛力勇敢應對，才能有翻盤逆襲的機會。

巧用吸引力法則，把「怕什麼，來什麼」轉變為「想什麼，來什麼」，它會助你心想事成。

吸引力法則就是在這個過程：當我們想要解決某一個問題，或者實現某一個願望的時候，只要我們有意識地去專注於這件事情上，事情就會向著好的方面發展，因為你在奮鬥的過程中，能力已經在慢慢提升中。

想要能夠驅逐「怕什麼，來什麼」的楣運，提高我們成功的機會，我們可以通過這三個方面去努力：

一、提前預判可能會發生的不利因素，防患於未然，做好防禦工作。

我們與其擔心可能會發生的不利情況，不如行動起來，儘量地將負面影響扼殺在搖籃裡，避免問題的發生。比如擔心考試考不好，那就認真復習，把所有知識點都掌握好，那就能夠做到勝券在握。

二、調整好自己的心態，坦然面對和處理事情。

我們在處理事情和問題的時候，應該保持平和的心態，把精力專注於解決事情的本身和過程上，而不應該去計較和憂慮事情的成敗結果。這樣才能讓我們保持良好的狀態，才能保證事情的圓滿完成。

三、不斷學習和提高自己的能力，讓自己有更足夠的實力來應對問題。

成敗的關鍵與否，一個重要的因素就是足夠的實力。想要實現夢想願望，我們就應該多去學習和提高自己的能力，讓自己解決問題的時候，能夠從容解決，讓成功的勝算更大。

最後，再以《星際效應》電影中的對話，作為本文的結束，為什麼選這個對話，因為它抓住了「反墨菲定律」的精華——

「我們已經失敗過幾百次了……」墨菲說。

「但只要成功一次就是成功了。」布蘭德博士答。

第六章

人類的愚蠢永無止境……

——人類文明史已有八千年了，可人類的愚蠢卻仍每天上演著……

〔編按〕最近閱讀一本《人類愚蠢辭典》是由義大利兩次獲得「伽利略獎」的得主奧迪．弗雷迪所編寫的，它的封面標示是說「揭穿人類社會自欺欺人的二六三種愚蠢現象」，編者覺得還蠻有意思的，特別在此摘錄幾篇與大家共享！

亞當和夏娃

根據《舊約》記載，亞當和夏娃是人類的祖先。如果說數千年前的原始人將男性和女性籠統地歸納到這兩個人身上還可以理解，那麼到了今天，如果我們還繼續將他們當作兩個真實存在的獨立種群的代名詞就實在太荒謬了。

可教宗庇護十二世在一九五〇年的《人類通諭》中依然聲明：「信徒們不可擁抱那些宣稱在亞當之後地球上存在一些與他同性別，但不為亞當之後的人類先祖，或是亞當代表了許多人類先祖之集合的理淪。」

並且，最新的《教理問答手冊》也在繼續宣教亞當、夏娃是所謂的人類之祖，由所謂的上帝創造並未能經受住惡魔的誘惑。這種落伍觀念的根源在於教會在其信徒面前早已畫地為牢：如果沒有亞當和夏娃偷嘗禁果獲得原罪，那些救贖、耶穌、復活和教會本身，乃至整個天主教，就都成了一個愚蠢的大騙局，就像它的實際本質（真實面目）那樣。

宗教

叔本華曾說，「醫生能看到人所有的脆弱，律師能看到邪惡，而神父能看到的則是愚蠢」以及「宗教是無知之子，脫離母親無法存活」。

宗教愚蠢地將無生命的現象歸結於有生命的理由，就像狗會對著移動的物體吠叫，因為它以為那個物體是有生命的。遠古眾神也被具象化，成為自然的掌控者，如雨神、雷神、電神。如今宙斯被稱為「聖父」「天地創造者」，但也並沒有因此顯得更有智慧。

宗教的愚蠢之處，一方面體現在無視各種現象的自然成因，就如把自然痊癒、安慰劑效應或藥物治療，都看作是神跡的功勞；另一方面體現在一些毫無意義的事情上追究其成因。舉個例子，宗教總教人思考「事物存在的意義」或「生命的意義」，卻不問問自己，問這些問題有什麼意義？

往生世界

伍迪．艾倫在《扯平》（一九七一）中寫道：「我並不相信有什麼往生者的世界，不過我還是會帶上換洗的衣服。」而在《無羽無毛》（一九七五）中，他又寫道：「面對死亡，最大的問題是擔心那個世界並不存在：這是件相當鬱悶的事情，尤其是對那些死前還操心刮鬍子的人來說。另一種擔心則是，那個世界如果真的存在，卻沒有人告訴你怎麼走。」

關於往生世界，我能想到的是帶換洗衣服和刮鬍子。聽起來是有點兒傻樣兒。不過，盧克萊修（羅馬共和國末期的詩人、哲學家）在他的《物性論》中已經指出，真正傻的乃是——「相信死後我們會有跟活著時一樣的煩惱。」事實上——「我們並不能想像我們毫無知覺的屍體，只能假設自己處於那個位置，並分給它一些我們的感受。」

在《圖斯庫勒論辯》中，西塞羅批駁了像盧克萊修一樣還在討論往生世界的人，否認存在這樣的世界：「身為哲學家，吹捧這種幼稚的錯誤觀點，難道不應該感到羞愧嗎？難道不是只有一些瘋瘋癲癲的老太婆才會相信這種鬼話嗎？」

兩千多年後，我們的回答還是滑稽的：「是的，依然有好多瘋子相信，不過並不僅限於老太太們！」

政　客

拿破崙曾說：「在政治上，愚蠢不是一種劣勢。」原因一方面在於，政客必須取得大部分是蠢蛋的民眾的歡迎。所以，一個不愚蠢的政客也必須裝得很蠢。但另一方面，如果一個人的演技並不出神入化，那麼他的表演一定沒有自然行為更具說服力，也就是說——在政治中不愚蠢就是一種妨礙。

政客的愚蠢只需通過平常的言行來體現。而所謂的「政治語言」，即言之無物的藝術，又使這種愚蠢得以昇華。典型例子有阿爾多．莫羅（義大利政治家）的「平行會聚」，連他自己也知道這是毫無意義的蠢話，儘管鮑耶與羅馬切夫斯基的理論可能會承認他的說法。

溫斯頓．邱吉爾說過，反對民主最好的理由，就是與一位政客或選舉者交談五分鐘後發現了他們的愚蠢。伯特蘭．羅素主張被選舉人不能比他的選民更蠢。蕭伯納則是總結道，西方民主的出現，就是選舉多數無能者以取代少數暴君。

戰爭

愚蠢是沒有終點的。如果有，其中之一應該就是相信戰爭有什麼崇高的動機：種族、宗教、政治、意識形態、哲學，甚至道德。如果沒有這些動機，就很難說服傻瓜和自以為不是傻瓜的人，心甘情願且熱情地參與戰爭。

不過，製造彌天大謊需要極高的智慧。兩位諾貝爾經濟學獎（二〇〇三年）得主克萊夫．格蘭傑和羅伯特．恩格爾共同研究了時間序列中經濟資料的走向，認為收入、消費和投資的變化是分立的，而價格和匯率的變化則是持續的。他們還發現了這些因素之間存在著隱藏關係。

比如，美國市場的繁榮時期均是朝鮮、越南、巴拿馬、伊拉克與阿富汗戰爭的產物，證明戰爭是經濟的另一種延續。正如格蘭傑所發現的，如果想消滅戰爭，從經濟學角度來看，我們就必須保證和平的利益。

愛德華．墨菲

「墨菲定律」的概念，最早出現在一八七七年12月13日阿爾弗雷德．霍頓在土木工程師大會上所作的關於汽船進展的報告中。報告中說道：「船在海中航行時，什麼糟糕情況都會遇到，不過是遲早的事。因此，比起合理性，船主更看重船的安全性，這並不奇怪。」

這一概念第一次以「墨菲定律」的名稱出現則是在一九五二年，由安妮．羅伊在《成為一名科學家》中提出，一起被命名的還有「熱力學第四定律」。航空工程師愛德華．墨菲提醒科學家們在導彈設計中始終要考慮最壞的情況。羅伊引用的正是墨菲的這一告誡。

從最初的版本我們可以看到，墨菲定律只是一個明智的建議，告訴人們在實踐中有可能出現理論上最壞的情況，應該對這種「有可能」有所提防。

但是現代人對墨菲定律的闡述，卻漸漸遺忘了它的初衷，將針對潛在可能的謹慎態度變成了一種宿命論的現實，即「事情如果有出錯的可能，不論這個可能性多小，總會出錯。」而面對這種宿命，人們只能祈求它別在「最壞的時刻」發生。

浪費

西方的愚蠢最尷尬的後果之一，是人們購買或在餐廳消費的食品，最後有一半都進入了垃圾箱，而在世界的其他地方卻有十億人得不到足夠的糧食來維持生命。僅計算我們購買的食物數量就能發現，我們完全可以在不改變飲食習慣的同時，減少一半的開支或者用這些食物餵飽雙倍的人。

再將話題從食品擴展到資源。早在一個世紀前，經濟學家帕累托就已發現20%的世界人口（顯然包含我們西方人在內）消耗了地球上80%的資源（即二八定律或八二定律）。秉持正義的觀點，就必須改變這一極其不均衡的局面，將我們的消耗削減四分之三，達到世界資源總量的20%這一比例。

荒謬的是，如此大的削減幅度卻並不會對現有生活方式造成令人無法接受的影響。只需要將消費水準調回20世紀70年代就能達到目標。經歷過那時候生活的人都能回憶起當時的狀況：沒有慘烈的經濟戰爭，福利體系健康且受眾面廣，沒有這麼多愚蠢的浪費和消費主義。

資本主義

一七五九年，英國經濟學家亞當．史密斯在《道德情操論》中首次提出了這個蜚聲世界的理論：「土地的所有者，被一隻看不見的手引導著去進行生活必需品的分配，這種分配差不多同假設土地在其所有居民中分割成相等的部分時所能有的分配一樣；這樣，沒有打算去做，沒有真正去做，卻促進了社會的利益，為人類的繁衍提供了生活資料。」

在亞當．史密斯包括《國富論》（一七七六）的許多作品中，有一隻所謂的「無形的手」調配著市場供需平衡的理論。這不過是一種幻想，但這種幻想卻是形成自由主義的基石，因為該理論由果溯因地將金融業者以為大眾謀福祉為藉口，實際上骯髒地獲取自身利益所進行的一切行為合理化了。

一九五四年，肯尼斯．阿羅與傑拉德．德布魯兩位此後獲得諾貝爾獎的經濟學家經研究證明，「看不見的手」僅僅存在於只有兩種商品的市場中。而在真正的市場中，這一概念對自由主義者以外的人是毫無意義的，因為平衡不會總是存在，就算存在，人們也不一定能達到，即使能達到，也未必能保持下去。

共產主義

路德維希·馮·米塞斯在《社會主義國家的經濟估算》（一九二〇）一書中寫道：「沒有自由市場的地方就沒有定價機制，而沒有定價機制的地方也就不能談經濟估算。」所以，計劃經濟本身是值得懷疑的，有面臨「小需求商品的生產過剩和緊缺物品生產不足」的風險。

馮·米塞斯的觀點，後來由諾貝爾經濟學獎得主弗雷德里希·哈耶克進一步闡釋，總結起來就是——「共產主義是愚蠢的，因為計劃經濟不可能實現。」另外，對資本主義的研究也得出了類似的結論：「資本主義是愚蠢的，因為無形的手根本不存在。」

看起來似乎需要在資本主義的自由市場和共產主義的計劃經濟之間找到「第三

條路」。這條路應該能用兩種互補的模式來詮釋：要麼是社會民主主義道路，可以把計畫因素融入資本主義，比如北歐國家的做法；要麼是民主社會主義道路，將市場經濟融入共產主義，比如遠東國家採取的方式。

習慣

拉羅什富科的《箴言集》（一六六五）中有一則箴言是：「每個習慣都是壞習慣。」而馬賽爾．普魯斯特的《女囚》（一九二三）中也有一條格言：「習慣的力量與其愚蠢度成正比。」這就解釋了為什麼我們在個人與社會生活中，總會用同樣的方式思考以及做同樣的事：這正是習慣的力量。

在這些強勢思維定式中，包含著一系列我們不假思索便接受了的愚蠢觀點：靈魂、顯靈、占星術、巧合、教義、驅魔、外星人、魔法、形而上學、神跡、數秘術、星座、靈異現象、政治正確、精神分析、偽科學、迷信、吸血鬼……

而強勢的行為習慣，則是一些我們不經大腦就莽撞採取的行動，包括：喝礦泉水、濫用空調、刮鬍子、炒股、吃肉、手機依賴症、接受安檢、繫領帶、看報紙、抽煙、看電視、像陀螺一樣忙得團團轉……

卡洛·奇波拉

一九七六年，卡洛·奇波拉出版了《人類愚蠢基本法則》一書，一九八八年再版，更名為《愉悅，不逾矩》。

這些法則是：

第一、蠢人的數量永遠比想像的要多；

第二、一個人是否愚蠢與這個人其他任何特性無關；

第三、愚蠢損人不利己，甚至同樣害己；

第四、蠢人潛在的危害性常常被低估；

第五、在各種不同的人中，蠢人是最危險的一種。

奇波拉的第三法則事實上是對愚蠢的定義，對這一法則的靈活運用可以幫助我們將蠢人從第五法則中提到的其他人中鑒別出來。

準確地說，「智者」指的是在利己的同時也能做到利人的人，「天真者」則是損己利人者，而「歹徒」或「剝削者」就是損人利己者。

由此可見，「蠢人」，即所謂的損人損己者，確實是最危險的一類人。他們也是最常見的一類人，這說明我們所處的是萬千平行世界中最糟糕的一種。在這個世界裡，我們與伏爾泰筆下的邦葛羅斯（伏爾泰諷刺小說《天真漢》中的人物，是主人公的老師，信奉萊布尼茨的樂觀主義，認為「在萬千可能世界中最美好的地方，結局永遠會是美好的。」）及像他一般的蠢人一起相安無事。

好萊塢

約翰．薩克洛博斯克，筆名「好萊塢約翰」，是十三世紀英國著名邏輯學家。不過，他和美國電影聖地好萊塢毫無瓜葛。更無趣的是，「好萊塢」這個名字僅僅來自一八八六年一個中國移民，用他十分蹩腳的英語回答他的地主時說的一句話：「I haully wood.」（我收集柴火。）而好萊塢，正誕生在這位地主的土地上。

一九一一年，源於新三藩市郊區的電影業的「柴火」，在世界各地燃起了熊熊火焰。好萊塢頓時成了美國生活方式的「宣傳部」。在這裡，無數偉大的投資家、化妝師、明星和廣告用他們的電影作品席捲全球。不過，好萊塢在知識和藝術層次上並沒有多少追求。

如此所誕生的後果就是愚蠢的狂歡節——奧斯卡頒獎典禮。從以外星人主題的愚蠢科幻片，到以吸血鬼為主題的愚蠢恐怖片；從上演愚蠢追車戲的動作片，到充斥著愚蠢交火場景的暴力戰爭片。獨立電影和民族電影的誕生恰恰是為了反抗這種電影至上論，尤其是在好萊塢。

制服

在紀錄片《發現的樂趣》（一九八一）中，理查．費曼對制服和領章進行了猛烈抨擊，他的父親曾教他鄙視它們。這對父子的觀點是，不看一個人做什麼或做過什麼，而僅僅因為他身著制服或炫耀自己在軍隊、政界或宗教界的等級就對其大加尊崇是非常愚昧的。

在科學領域自然也一樣。事實上，費曼的抨擊也延伸到諾貝爾獎及其他榮譽稱號上，因為這些獎項與一名科學家的價值毫無關係。正如費曼為這部紀錄片和他死後出版的另一部雜文集（一九九九）定下的題目：科學的價值就在於發現的樂趣。

費曼所提到的制服顯然也包括教宗的那一身。他的制服與國王及女王的制服一起構成了範例：這些人不因為自己是什麼樣的人，卻因為戴在他們頭上的王冠而受到尊敬。即使他們拒絕佩戴，那些王冠依然牢牢地長在他們頭上。世上還有狡猾的教宗和國王，竟然還有愚蠢的信徒和臣民對他們頂禮膜拜，這真是對人類尊嚴的一種侮辱。

毒品

卡爾·馬克思認為「宗教是人民的鴉片」，會對信徒產生心理鎮靜作用。翁貝托·艾柯說「宗教是人民的可卡因，刺激了基要主義的產生」。為了讓這類比喻更加圓滿，我還可以說宗教是人民的麥司卡林（一種有致幻作用的藥物，是一種新型毒品），對神秘主義者起到致幻作用。不過除了這些比喻，毒品與宗教之間的關係也是確定的。如「眾神的食物與美酒」一般存在著印度婆羅門教的蘇摩、猶太教的嗎哪、《荷馬史詩》中的蓮花、狄俄尼索斯的葡萄酒、印第安人的大麻、墨西哥人的烏羽玉、印加人的古柯、亞馬遜人的死藤水、牙買加人的大麻、斐濟人的卡瓦胡椒（以上均為不同地區宗教、部落在儀式中使用的致幻劑）。

那些希望禁止毒品的傻瓜因此應該也要求禁止宗教信仰的存在。其實上帝還有許多不同的方式：隔絕感官的漂浮罐，沙漠，修道院或監獄的小隔間，齋戒與通宵禱告，喋喋不休的舞蹈、歌曲或讚美詩引起的恍惚，各種冥想技術的呼吸練習，等等，均是將人與現實世界隔離，控制人的思想的方式。所以，要達到宗教意義上的瘋狂，毒品並不是必需品，尤其是對本來就瘋瘋癲癲的人來說。

手機

在《格列佛遊記》中，當小人國的利立浦特們搜查主角時，是如此描述他的懷錶的：「我們認為，這要不是什麼不知名的怪物，要不就是他崇拜的上帝。我們更趨向於第二種可能性，因為他對我們說他在做任何事情之前都要向它請教。他把這件東西稱為先知，而且說他這一生不管做什麼都由它來指定時間。」

當今眼下，這段話用來形容我們與手機的關係也是恰如其分。我們中的許多人，特別是青少年，每天早上一睜眼就迫不及待地將手機開機了。然後，在一天當中，我們出於各種各樣的原因，主動（發出資訊）或被動（接收資訊）看手機的次數從十來次到數百次不等：看時間，收發消息，聊天，上網……

人們甚至通過手機與機器中的語音對話，雖然只是表達一些諸如無網路、撥號中斷、暫時無法接通請稍後再撥之類的資訊。這種行為大多數其本身就已經十分愚蠢了，但是為了這樣的事，人們花費了無數時間和金錢使它顯得更為愚蠢。

臉書（Facebook）

一九六六年，約翰．藍儂接受採訪時的一句話引起了爭議：「我們（搖滾）比耶穌更受歡迎，我不知道搖滾樂和耶穌哪一個會先消失。」

如今，馬克．扎克伯格在他發明的「臉書」，也可以套用這句話，甚至比搖滾樂更有資格獲得新式宗教的名號。

臉書從創立到擁有十五億註冊用戶，只用了十年多一點兒的時間。二〇一五年8月24日，同時線上人數超過十億，基本等同於三大宗教信徒的平均數，更超越了天主教歷經二〇〇〇年傳教史才勉強達到的二億五千萬信徒人數。

就像每一個組織完善的宗教那樣，臉書的忠實用戶，讓他們的組織擁有了價值數百億的生意，讓他們的教宗成為世界上最富有的人之一。當愚蠢的用戶們一邊分享著自己毫無意義的生活瑣事，一邊自鳴得意時，殊不知自己已經被暗中監視，同時不幸地被躲在他們背後賺得盆滿缽滿的廣告大鱷們操控著。

互聯網（Internet）

馬歇爾・麥克盧漢在《理解媒介》中談到，新媒體的誕生是基於舊書本的文化逐步衰退的原因。報紙、電視和互聯網把全世界變成了一個「地球村」。

這裡的人每天不加限制地流覽報紙，對著電視切換頻道或是上網，而不像文明人一樣閱讀散文和小說。

在報紙和電視上人們只能找到媒體的所有者挑選的內容，而互聯網卻能囊括一切，甚至是用戶上傳的資訊。所以，在互聯網上流傳的消息中90%都是胡扯。從臉書這樣的社交網站到YouTube之類的視頻平臺，任何人都可以在這裡分享自己不值一提的日常生活，而他的那幫「朋友」自然會慷慨點「贊」。

互聯網還為新愚蠢物種大爆炸創造了條件。這些新愚蠢物種有：網路小白用垃圾郵件攻佔郵箱、博客、論壇和聊天室，駭客用病毒入侵所有電腦，網路廣告商四處投放網路行銷的誘餌，性癮患者在色情網站流連忘返，資訊間諜肆意竊取個人資訊……他們的聯合行動使人們的虛擬生活比現實生活更加愚蠢。

妄想症

受佛洛德的文章《施雷伯大法官》（一九一〇）的影響，菲力浦・迪克寫下了一系列故事，描繪了一群表面看起來是妄想狂，實際卻是少數瞭解他人忽視的真相的人。在小說《幻覺》（一九五九）中，他又探索了一種相反的可能性，即所有人都瞭解實情而共同將主角一個人蒙在鼓裡。該小說後來被改編成了電影《楚門的世界》（一九九八）。

醫學家認為，很難對無故恐懼者之妄想與有根據的恐懼者之警告加以區分。但有時候這種恐懼不過是愚蠢造成的。比如二〇〇九年7月23日，歌手鮑勃・狄倫在新澤西被捕，理由是他在雨中散步時停下來察看了一所待出售的房屋，而一個患有妄想症的笨蛋，卻向警方報告說發現了一名「古怪的可疑分子」。

更蠢的是，二〇一六年5月6日經濟學家圭多・門齊奧在費城機場一架待出發的航班上遭到逮捕，因為一名女乘客舉報說，有個外國人正在塗寫一些奇怪符號而且不理人，這讓她覺得十分可疑。其實，這位教授當時正在研究一個等式（含有等號的式子），不幸的是，旁邊坐著的笨蛋剛好是來自一個被恐怖威脅逼出妄想症的國家。

廣告

廣告是商業觀點的本末倒置，難怪幽默作家總喜歡非難它。比如恩尼奧・弗拉亞諾說「廣告將無用與趣味性相結合」。著名編劇馬塞洛・馬切西則說廣告是「靈魂的買賣」。

不過，馬歇爾・麥克盧漢的看法，比幽默更多了一絲悲觀，在《理解媒介》中他寫道：「廣告已經成為了真正的商品，商業的目的不再是生產商品，卻變成了推廣產品。」在文學領域，博爾赫斯做了同樣的事情。他只寫作品評論，卻不寫書，而這些評論無疑就是書的廣告。

作為實際商品貌似真實、實則虛假的圖像，廣告就是一種形而上的愚蠢。但當它塞滿我們的信箱，貼遍大街小巷，打斷電視節目，湧入互聯網的角角落落，全面入侵我們的生活時，就成為了一種形而下的愚蠢。與其相比，獨裁政治的宣傳就是個笑話了，而歐威爾則厭惡地說：「廣告就是攪屎棍攪動時的雜訊。」

銀 行

眾所周知，但丁將放高利貸者放在地獄第七層的第三圈。鮮為人知的是，中世紀放高利貸者的概念與現今不同，並不是借錢給別人並收取高額利息（根據法律指高於平均利率1.25倍的四個百分點以上），而是指借錢給任何需求者的人，即當今的銀行家。

人們也都知道猶太人有他們固定的聚居區，在義大利語中稱為ghetto。最早的ghetto出現在但丁時代的威尼斯，最近的則形成於希特勒時期的華沙。但是人們不知道的是，這種聚居區的形成最初並不是民族原因，卻是因為錢：正是由於猶太人善於利用資本盈利，而在基督徒眼裡資本被視為「魔鬼的糞便」，是絕不可觸碰的。如此說來，這又與銀行家相關。

如今無論普通人還是國家都愚蠢地任由銀行拿自己的血汗錢或是國債去投機，變成大到絕不能破產的龐大機構。數以億計的資本被投往美國和歐洲各國用以拯救這些國家。也許是時候重新考慮把銀行家們看成社會底層被上帝棄絕的人，並把他們扔回地獄了。

股市

對於那坐雲霄飛車一般的股市，媒體歷來熱衷於報導它忽上忽下背後的一切細枝末節，看人們為之心神不寧的樣子，並以此取樂。因此，人們每天都能在報紙、電視上看到那些鋪天蓋地的報導，為股市崩盤數以億計的資產瞬間煙消雲散而哀悼，或是為資本回流而大唱頌歌。自然，這類的每日新聞是毫無價值的，因為其中並沒有對長期趨勢用圖表加以輔助說明，不過我們可以嘗試來做一些計算。

假設昨天的股價是100點，然後經過一天上漲了10個點，而今天該股又下跌了10個點。由直覺判斷，這支股票的價值經過同幅度的上漲和下跌，應該回到了昨天早上的原點。但實際上，從100點上漲10個點後，股價達到110點，而以這個為基礎再下跌10個點，今日的收盤價實際為99點。

那麼，如果調換上漲和下跌的先後順序呢？下跌一天後股票為90點，而今天上漲10個點後的股價依然是99點。數學告訴我們，股市不過是一個愚蠢的遊戲，就像電影《戰爭遊戲》得出的那個愚蠢的結論——勝利的唯一途徑就是不參與遊戲。

第七章

「我一直喜歡我的工作！」

——這是巴菲特在一九九八年於佛羅里達大學商學院的演講。

巴菲特：（手持麥克風）測試，1百萬、2百萬、3百萬……

我先簡單說幾句，把大部分時間留下來回答大家的問題。我想聊聊大家關心的話題。

請各位提問的時候一定要刁鑽一些。你們問的問題越難，才越好玩。什麼都可以問，就是不能問上個月我交了多少稅，這個問題我無可奉告。

各位同學，你們畢業之後未來會怎樣？我簡單說說我的想法。各位在這所大學能學到大量關於投資的知識，你們將擁有成功所需的知識。

既然各位能坐在這裡，你們也擁有成功所需的智商，你們還有成功所需的幹勁。你們大多數人都會成功地實現自己的理想。

但是最後你到底能否成功，不只取決於你的頭腦和勤奮。

我簡單講一下這個道理。

奧馬哈（巴菲特的家鄉，他一生大都在此度過）有個叫彼得·基威特（全世界最大的建築公司之一的創辦人）的人，他說他聘用人的時候看三點：品行、頭腦和勤奮。他說一個人要是頭腦聰明、勤奮努力，但品行不好，肯定是個禍害。品行不端的人，最喜歡又懶又蠢。

我知道各位都頭腦聰明、勤奮努力，所以我今天只講品行。為了更好地思考這個問題，我們不妨一起做個遊戲。

各位都是ＭＢＡ二年級的學生，應該很瞭解自己周圍的同學了。假設現在你可以選一個同學，買入他今後一生中10%的收入。

你不能選富二代，只能選靠自己奮鬥的人。

請各位仔細想一下，你會選班裡的哪位同學，買入他今後一生中10%的收入。你會給所有同學做個智商測試，選智商最高的嗎？未必。你會選考試成績最高的嗎？未必。你會選最有幹勁的嗎？不一定。因為大家都很聰明，也都很努力，我覺得你會主要考慮個性方面的因素。

好好想想，你會把賭注壓在誰的身上？也許你會選你最有認同感的那個人，那個擁有領導能力，能把別人組織起來的人。

這樣的人應該是慷慨大方的、誠實正直的，他們自己做了貢獻，卻說是別人的功勞。我覺得讓你做出決定的應該是這樣的品質。

找到了你最欽佩的這位同學之後，想一想他身上有哪些優秀品質，拿一張紙，把這些品質寫在紙的左邊。

下面我要加大難度了。為了擁有這位同學今後一生中10％的收入，你還要同時做空另一位同學今後一生10％的收入，這個更好玩。

想想你會做空誰？你不會選智商最低的。你會想到那些招人煩的人，他們可能學習成績優秀，但你就是不想和他們打交道，不但你煩他們，別人也煩他們。

為什麼有人會招人煩？原因很多，這樣的人可能自私自利、貪得無厭、投機取巧或者弄虛作假。類似這樣的品質，你想想還有什麼，請把它們寫在剛才那張紙的右邊。

看看左右兩邊分別列出來的品質，你發現了嗎？這些品質不是把橄欖球扔出六十公尺，不是10秒鐘跑完一百公尺，不是相貌在全班最出眾。左邊的這些品質，你真想擁有的話，你可以有。

這些是關於行為、脾氣和性格的品質，是能培養出來的。在座的各位，只要你想要獲得這些品質，沒一個是你得不到的。

再看一下右邊的那些品質，那些令人生厭的品質，沒一個是你非有不可的，你身上要是有，想改的話，可以改掉。

大多數行為都是習慣成自然。我已經老了，但你們還年輕，想擺脫惡習，你們年輕人做起來更容易。

常言道，習慣的枷鎖，開始的時候輕得難以讓人察覺，到後來卻重得使人無法擺脫。

我在生活中見過一些人，他們有的和我年紀差不多，有的比我年輕十幾二十幾歲，但是他們染上了一些壞習性，把自己毀了，改也改不掉，走到哪都招人煩。他們原來不是這樣的，但是習慣成自然，積累到一定程度，根本改不了了。

你們還年輕，想養成什麼習慣、想形成什麼品格，都可以，就看你自己怎麼想、怎麼做了。

班傑明．格雷厄姆，還有他之前的班傑明．富蘭克林，他們都這麼做過。班傑明．格雷厄姆十幾歲的時候就觀察自己周圍那些令人敬佩的人，他對自己說：「我也想成為一個被別人敬佩的人，我要向他們學習。」格雷厄姆發現學習他敬佩的人，像他們一樣為人處世，是完全做得到的。

他同樣觀察周圍遭人厭惡的人，擺脫他們身上的缺點。我建議大家把這些品質寫下來，好好想想，把好品質養成習慣，最後你想買誰的10％收入，就會變成他。你已經確定擁有自己的100％收入，如果再有別人的10％，這多好。你選擇了誰，你都可以學得像他一樣。

提問一：有傳言說您是救贖長期資本管理公司的買家之一，到底發生了什麼，能給我們講講嗎？

巴菲特：這件事非常耐人尋味。長期資本管理公司的由來，相信在座的大多人都知道，實在太令人感慨了。

約翰．梅里韋瑟、艾瑞克．羅森菲爾德、拉里．希利布蘭德、葛列格．霍金斯、維克多．哈格哈尼，還有兩位諾貝爾獎桂冠得主羅伯特．默頓和邁倫．舒爾茲，把他們這16個人加起來，他們的智商該多高，隨便從哪家公司挑16個人出來，包括微軟，都沒法和他們比。

第一，他們的智商高得不得了。

第二，他們這16個人都是投資領域的老手。他們不是倒賣服裝起家的，然後來搞證券的。他們這16個人加起來，有三、四百年的經驗了，而且一直都在投資這行摸爬滾打。

第三，他們大多數人都幾乎把自己的整個身家財產，都投入到了長期資本管理公司，他們把自己的錢也投進去了。他們自己投了幾億的錢，而且智商高超，經驗老道，結果卻破產了。真是讓人感慨。

要讓我寫一本書的話，書名我都想好了，就叫《聰明人怎麼做蠢事》，我的合夥人說我的自傳可以叫這個名字。

但是，我們從長期資本這件事能得到很多啟發。長期資本的人都是好人。我尊重他們。當我在所羅門事件焦頭爛額的時候，他們幫過我。他們根本不是壞人。

但是他們為了賺更多的錢，為了賺自己不需要的錢，把自己手裡的錢，把自己需要的錢都搭進去了。這不是傻是什麼？絕對是傻，不管智商多高，都是傻。

為了得到對自己不重要的東西，甘願拿對自己重要的東西去冒險，哪能這麼幹？我不管成功的概率是100比1，還是1000比1，我都不做這樣的事。

假設你遞給我一把槍，裡面有一千個彈倉、一百萬個彈倉，其中只有一個彈倉裡有一顆子彈，你說：「把槍對準你的太陽穴，扣一下扳機，你要多少錢？」我不幹。你給我多少錢，我都不幹。

要是我贏了，我不需要那些錢；要是我輸了，結果不用說了。這樣的事，我一點都不想做，但是在金融領域，人們經常做這樣的事，都不經過大腦。

有一本很好的書，不是書好，是書名好。這是一本爛書，但是書名起得很好，是沃爾特・古特曼寫的，書名是《一生只需富一次》。這個道理難道不是很簡單嗎？

假設年初你有1億美元，如果不上杠杆，能賺10％，上杠杆的成功率是99％，能賺20％，年末時你有1.1億美元，還是1.2億美元，有區別嗎？沒一點區別。

要是年末你死了，寫訃告的人可能有個筆誤，雖然你有1.2億，但他寫成了1.1億。多賺的錢有什麼用？一點用沒有。對你、對你的家人，對別人，都沒用。

要是虧錢了的話，特別是給別人管錢，虧的不但是錢，而且顏面掃地、無地自容，把朋友的錢都虧了，沒臉見人。

我真理解不了，怎麼有人會像這16個人一樣，智商很高、人品也好，卻做這樣的事，一定是瘋了。他們吃到了苦果，因為他們太依賴外物了。

我臨時掌管所羅門的時候，他們和我說，六西格瑪（Sigma數學符號）的事件、七西格瑪的事件都傷不著他們。他們錯了。只看過去的情況，無法確定未來金融事件發生的概率。

他們太依賴數學了，以為知道了一支股票的貝塔係數，就知道了這支股票的風險。要我說，貝塔係數和股票的風險根本是八竿子打不著。

會計算西格瑪，不代表你就知道破產的風險。我是這麼想的，不知道現在他們是不是也這麼想了。說真的，我都不願意以長期資本為例。我們都有一定的概率會攤上類似的事，我們都有盲點，或許是因為我們瞭解了太多的細枝末節，把最關鍵的地方忽略了。

亨利．考夫曼說過一句話：「破產的有兩種人，一種是什麼都不知道的，一種是什麼都知道的。」說起來，真是令人扼腕歎息。

同學們，引以為戒。我們基本上沒借過錢，當然我們的保險公司裡有浮存金（保險浮存金是指保戶向保險公司交納的保費）。但是我壓根沒借過錢。

我只有一萬塊錢的時候都不借錢，不借錢不一樣嗎？我錢少的時候做投資也很開心。我根本不在乎我到底是有一萬、十萬，還是一百萬。除非遇上了急事，比如生了大病急需用錢。

當年我錢很少，但我也沒盼著以後錢多了要過不一樣的生活。從衣食住行來看，你我之間有什麼差別嗎？我們穿一樣的衣服，我們都能喝天賜的可口可樂，我們都能吃上麥當勞，還有更美味的DQ霜淇淋（冰雪皇后），我們都住在冬暖夏涼的房子裡，我們都在大螢幕上看橄欖球賽。你在大電視上看，我也在大電視上看。我們的生活完全一樣，沒多大差別。

要是你生了大病，會得到良好的治療。如果我得了大病，也會得到良好的治療。我們唯一不一樣的地方是我們出外的方式不同。

我有一架小飛機，可以飛來飛去，我特別喜歡這架飛機，這是要花錢的。除了我們出外的方式不同，你說有什麼是我能做，但你做不了的嗎？

我有一份我熱愛的工作，但我一直都在做我喜歡的工作。當年我覺得賺一千美元是一大筆錢的時候，我就喜歡我的工作。

同學們，做你們喜歡的工作。要是你總做那些自己不喜歡的工作，只是為了讓簡歷上的工作經歷更漂亮，那你真是糊塗了。

有一次，我去做一個演講，來接我的是一個28歲的哈佛大學的學生。我聽他講完了他的工作經歷，覺得他很了不起。

我問他：「以後你有什麼打算？」他說：「等我MBA畢業後，可能先進一家諮詢公司，這樣能給簡歷增加一些分量。」

我說：「你才28歲，已經有這麼漂亮的工作經歷了，你的簡歷比一般人的漂亮10倍。你還接著做自己不喜歡的工作，不覺得有點像年輕的時候把性生活省下來，留到歲數大的時候再用嗎？」

或早或晚，你們都應該開始做自己真心想做的事。

我覺得我說的話，大家都聽明白了。各位畢業之後，挑一個自己真心喜歡的工作，別為了讓自己的簡歷更漂亮而工作，要做自己真心喜歡的。

時間久了，你的喜好可能會變，但在做自己喜歡的事的時候，早晨你會從床上跳起來。

我剛從哥倫比亞大學商學院畢業，就迫不及待地希望立刻為格雷厄姆工作。我說我不要工資，格雷厄姆說我要的薪水太高了。我一直騷擾他。回到奧馬哈後，我做了三年股票經紀人，一直給格雷厄姆寫信，告訴他我發現的投資機會。

最後，我終於得到了機會，在他手下工作了一兩年。那是一段寶貴的經歷。總之，我做的工作始終都是我喜歡的。

你財富自由之後想做什麼工作，現在就該去做什麼工作了，這樣的工作才是理想的工作。做這樣的工作，你會很開心，能學到東西，能充滿激情。每天都會從床上跳起來，一天不工作都不行。

或許以後你喜歡的東西會變，但是現在做你喜歡的工作，你會收穫很多。我根本不在乎工資是多少。不知怎麼，扯得有點遠了。

總之，如果你現在有1塊錢，以為將來有2塊錢的時候，自己能比現在過得更幸福，你可能想錯了。你應該找到自己真心喜歡做的事情，投入地去做。

別以為賺十倍或二十倍能解決生活中的所有問題，這樣的想法很容易把你帶到水溝裡去。

在不該借錢的時候借錢，或者急功近利、投機取巧，做自己不該做的事，將來都沒地方買後悔藥。

提問二：您喜歡什麼樣的公司？

巴菲特：我喜歡我能看懂的生意。先從能不能看懂開始，我用這一條篩選，

90%的公司都被過濾掉了。

我不懂的東西很多，好在我懂的東西足夠用了。世界如此之大，幾乎所有公司都是公眾持股的。所有的美國公司，隨便挑。首先，有些東西明知道自己不懂，不懂的，不能做。

有些東西是你能看懂的。可口可樂，是我們都能看懂的，誰都能看懂。可口可樂這個產品從一八八六年起基本沒變過。可口可樂的生意很簡單，但是不容易。

我不喜歡很容易的生意，生意很容易，會招來競爭對手。我喜歡有護城河的生意。我希望擁有一座價值連城的城堡，守護城堡的公爵德才兼備。

有的生意，我看不出來十年後會怎樣，我不買。一支股票，假設從明天起紐約股票交易所關門五年，我就不願意持有了，這樣的股票，我不買。

我買一家農場，五年裡沒人給我的農場報價，只要農場的生意好，我就開心。我買一個房子，五年裡沒人給我的房子報價，只要房子的回報率達到了我的預期，我就開心。

人們買完股票後，第二天一早就盯著股價，看股價決定自己的投資做得好不好。糊塗到家了。買股票就是買公司，這是格雷厄姆教給我的最基本的道理。

買的不是股票，是公司的一部分所有權。只要公司生意好，而且你買的價格不是高得離譜，你的收益也差不了。投資股票就這麼簡單。要買你能看懂的公司，就像買農場，你肯定買自己覺得合適的。沒什麼複雜的。

這個思想不是我發明的，都是格雷厄姆提出來的。我特別走運。十九歲的時候，我有幸讀到了《聰明的投資者》。我六、七歲的時候就對股票感興趣，十一歲時第一次買股票。我一直都在自己摸索，看走勢圖、看成交量，做各種技術分析的計算，什麼路子都試過。

後來，我讀到了《聰明的投資者》，書裡說，買股票，買的不是代碼，不是上躥下跳的報價，買股票就是買公司。我轉變到這種思維方式以後，一切都理順了。道理很簡單。所以說，我們買我們能看懂的公司。

在座的各位，沒有看不懂可口可樂公司的，但是某些新興的互聯網公司呢，我敢說，在座的各位，沒一個能看懂的。

今年在伯克希爾的股東大會上，我說要是我在商學院教課，期末考試時，我會出這樣的題目，告訴學生一家互聯網公司的資訊，讓他們給這家公司估值。哪個學生給出了估值，我就給他不及格。（笑）

無論什麼時候，都要知道自己在做什麼，這樣才能做好投資。必須把生意看懂了，有的生意是我們能看懂的，但不是所有的生意我們都能看懂。

提問三：能否講講您在商業中犯的錯誤？

巴菲特：對於我和我的合夥人查理．芒格來說，我們犯過的最大的錯誤不是做錯了什麼，而是該做的沒做。

在這些錯誤中，我們對生意很瞭解，本來應該行動，但不知道怎麼了，我們就在那猶豫來、猶豫去，什麼都沒做。

有些東西我們不明白就算了，但有些東西是我們能看明白的，本來可以賺幾十億、幾百億的，卻眼睜睜看著機會溜走了。

我本來可以買微軟賺幾十億，但這不算數，因為我一直搞不懂微軟。但是醫藥股，我本來是可以賺到幾十億的，這些錢是我該賺到的，我卻沒賺到。

當柯林頓當局提出醫療改革方案後，所有的醫藥股都崩盤了。我們本來可以買入醫藥股大賺特賺的，因為我能看懂醫藥股，我卻沒做這筆投資。

本來不太喜歡公司的生意，卻因為喜歡證券的條款而買了。這樣的錯誤我過去犯過，將來可能還會犯。最大的錯誤還是該做的沒做。

我想告訴大家，人們總説通過錯誤學習，我覺得最好是儘量從別人的錯誤裡學習。不過，在伯克希爾，我們的處事原則是，過去的事就讓它過去。

我有個合夥人，查理・芒格，我們一起合作四十多年了，我們從來沒紅過臉。我們對很多東西看法不一樣，但是我們不爭不吵。

我們從來不想已經過去的事。我們覺得未來有那麼多值得期待的，何必對過去耿耿於懷。不糾結過去的事，糾結也沒用。人生只能向前看。

你們從錯誤裡或許能學到東西，但最重要的是只投資自己能看懂的生意。如果你像很多人一樣，跳出了自己的能力圈，聽別人的消息買了自己毫不瞭解的股票，犯了這樣的錯，你需要反省，要記得只投資自己能看懂的。

你做投資決策的時候，就應該對著鏡子，自言自語：「我要用每股55美元的價格買入一百股通用汽車，理由是……」自己要買什麼，得對自己負責。一定要有個理由，說不出來理由，別買。

是因為別人在和你閒聊時告訴你這支股票能漲嗎？這個理由不行。是因為成交量異動或者走勢圖發出了信號嗎？這樣的理由不行。你的理由，一定是你為什麼要買這個生意。我們恪守這個原則，這是班・格雷厄姆教我的。

提問四：和身處華爾街相比，住在偏遠的小城市有什麼好處？

巴菲特：我在華爾街工作過一兩年，我在東西海岸都有朋友。我喜歡拜訪他們。每次和他們見面，都能得到一些靈感。思考投資的最佳方法還是獨自一人待在房間裡，靜靜地想。要是這樣不行，別的辦法也都沒用。

在任何類似市場的環境中，你都很容易受到影響，做出過激的反應，華爾街是個典型的市場環境。在華爾街，你覺得每天不做點什麼都不行。

錢德勒家族花了二千美元買下了可口可樂公司，選中了可口可樂這樣的公司，別的什麼都不用做了，該做的事就是不做別的。一九一九年都不應該賣，但是錢德勒家族後來把他們的股票賣了。

你該怎麼做呢？一年找到一個好的投資機會，然後一直持有，等待它的潛力充分釋放出來。

在一個人們每五分鐘就來回喊報價的環境裡，在一個別人總把各種報告塞到你面前的環境裡，很難做到持有不動。華爾街靠折騰賺錢。你靠不折騰賺錢。

要是在座的各位每天都相互交易自己的投資組合，所有人最後都會破產，所有的錢最後都會進到中間商的口袋裡。

換個做法，你們都持有一般公司組成的投資組合，五十年裡你們都一動不動，最後你們都會很有錢，你們的券商會破產。

券商像這樣一個醫生，他讓你換藥的次數越多，他賺的越多。他要是給你一種藥，把你的病根治了，他只能做成一筆買賣，一筆交易，然後就沒了。如果他能讓你相信每天換各種藥吃對健康有益，這對他有好處，對賣藥的有好處，你會虧很多錢。你的身體好不了，還會破財。

任何刺激你瞎折騰的環境，都要遠離——華爾街無疑就是這樣的環境。

我回到奧馬哈之後，每半年都去大城市一次。我每次都列一個清單，把自己要做的事寫下來，比如，要調研的公司等等。這些路費都沒白花，該做完的事，做完了，我就回到奧馬哈思考。

提問五：請講講您對分散投資的看法？

巴菲特：這個要看情況了。如果不是職業投資者，不追求通過管理資金實現超額收益率的目標，我覺得應該高度分散。

我認為98％到99％的投資者應該高度分散，但不能頻繁交易，他們的投資應該和成本極低的指數型基金差不多。只要持有美國的一部分就可以了，這樣投資，是相信持有美國的一部分會得到很好的回報，我對這樣的做法毫無異議。對於普通投資者來說，這麼投資是正路。

如果想積極參與投資活動，研究公司並主動做投資決策，那就不一樣了。既然你走上研究公司這條路，既然你決定投入時間和精力把投資做好，我覺得分散投資是大錯特錯的。那天我在SunTrust的時候，說到過這個問題。要是你真能看懂生意，你擁有的生意不應該超過六個。

要是你能找到六個好生意（好公司），就已經足夠分散了，用不著再分散了，而且你能賺很多錢。

我敢保證，你不把錢投到你最看好的那個生意，而是再去做第七個生意，肯定會掉到溝裡去的。

所以，我說任何人，在資金量一般的情況下，要是對自己要投資的生意確實瞭解，六個就很多了，換了是我的話，我可能就選三個我最看好的。

我本人不搞分散。我認識的投資比較成功的人，都不搞分散，沃爾特．施洛斯是個例外，沃爾特的投資非常分散，他什麼東西都買一點。

提問六：如果能重新活一次，為了讓生活更幸福，您會怎麼做？

巴菲特：希望我的回答，大家聽了不會覺得不舒服。要是我重新活一次的話，我只想做一件事，還能活到120歲的基因。

我其實是非常幸運的。我經常舉一個例子，覺得可能會對各位有啟發，所以花兩分鐘時間講講。

假設現在是你出生前24小時，一個神仙出現了，他說：「孩子，我看你前途無量，我現在手裡有個難題，我得設計你出生後生活的世界，我覺得太難了，你來設計吧。你有24小時的時間，社會規則、經濟規則、政府規則，這些都給你設計，你還有你的子孫後代都在這些規則的約束下生活。」

你問了：「我什麼都能設計？」神仙說：「對，什麼都能設計。」你說：「沒什麼附加條件？」

神仙說：「有一個附加條件。你不知道自己出生後是黑人還是白人，是富有還是貧窮，是男人還是女人，是身體健壯還是體弱多病，是聰明過人還是頭腦遲鈍。你知道的就一點，你要從一個裝著五十八億個球的桶裡選一個球。」

我把這個叫娘胎彩票。你要從這五十八億個球裡選一個，這是你一生之中最重大的決定，它會決定你是出生在美國、還是阿富汗，智商是130、還是70。選出來之後，很多東西都註定了。你會設計一個怎樣的世界？

我覺得用這種思維方式，可以很好地看待社會問題。因為你不知道自己會選到哪個球，所以在設計世界的時候，你會希望這個世界能提供大量產品和服務，你希望所有人都能過上好日子。你會希望這個世界的產品越來越豐富，將來你的子孫後代能越過越好。

在希望世界能提供大量產品和服務的同時，還要考慮到有的人手氣太差，拿到的球不好，天生不適合這個世界的體系，你希望他們不會被這個世界拋棄。

我天生非常適合我們現在的這個世界。我一生下來就具備了分配資金的天賦。這其實沒什麼了不起的。

如果我們都被困在荒島上，永遠回不來，我們所有人裡，誰最會種地，誰最有本事。我再怎麼說我多擅長分配資金，你們也不會理我。

我趕上了好時候。比爾．蓋茨說，要是我生在幾百萬年前，早成了動物的盤中餐。他說：「你跑不快，也不會爬樹，什麼都不行，剛生下來就得被吃了。你生在今天真是走運！」

既然我運氣這麼好，我就要把自己的天分發揮出來，一輩子都做自己喜歡的事，交自己喜歡的人。只和自己喜歡的人共事。

要是有個人讓我倒胃口，但是和他走到一起，我能賺一億美元，我會斷然拒絕，這和為了錢結婚有什麼兩樣？

無論什麼時候，都不能為了錢結婚，要是已經很有錢了，更不能這樣了，你們說是不是？我不為了錢結婚。

我還是會一如既往地生活，只要不想再買美國航空了！（笑）

謝謝！

第八章

巴菲特的投資哲學

——第一個大原則是：獨立思考與內心平靜。

沃倫·巴菲特是全球著名的投資商。一九五六年，26歲的他靠親朋湊來的10萬美元白手起家，二〇〇八年，他在《富士比》排行榜化財富超過比爾·蓋茲，成世界首富。由羅傑·洛文斯坦撰寫的巴菲特傳記中，篇首是世界首富比爾·蓋茲的一篇短文。蓋茲寫道：「他的笑話令人捧腹，他的飲食——一大堆漢堡和可樂——妙不可言。簡而言之，我是個巴菲特迷。」蓋茲確實是個巴菲特迷，他牢牢記住巴菲特的投資理論——在最低價格時買進股票，然後就耐心等待。別指望做大生意，如果價格低廉，即使中等生意也能獲利頗豐。

巴菲特理財攻略一：儘量避免風險，保住本金

在巴菲特的投資名言中，最著名的無疑是這一條——「成功的祕訣有三條：第一，儘量避免風險，保住本金；第二，儘量避免風險，保住本金；第三，堅決牢記第一、第二條。」為了保證資金安全，巴菲特總是在市場最亢奮、投資人最貪婪的時刻保持清醒的頭腦而急流勇退。一九六八年5月，當美國股市一片狂熱的時候，巴菲特卻認為已再也找不到有投資價值的股票了，他由此賣出了幾乎所有的股票被解散了公司。結果在一九六九年6月，股市大跌漸漸演變成了股災，到一九七〇年

5月，每種股票都比上年年初下降了50％，甚至更多。

巴菲特的穩健投資，絕不做「沒有把握的事情」的策略，使他逃過了一次又一次的股災，也使得機會來臨時資本迅速增值。但很多投資者卻在不清楚風險或自己沒有足夠的風險控制能力下貿然投資，又或者由於過於貪婪的緣故而失去了風險控制意識。在做任何投資之前，我們都應把風險因素放在第一位，並考慮一旦出現風險時我們的承受能力有多強，如此才能立於不敗之地。

巴菲特理財攻略二：作個長期投資者，而不是短期或投機者

巴菲特的成功最主要的因素是他是一個長期投資者，而不是短期投資老或投機者。巴菲特從不追逐市場的短期利益，不因為一個企業的股票在短期內會大漲就去跟進，他會竭力避免被市場高估價值的企業。一旦決定投資，他基本上會長期持有。所以，即使他錯過了二十世紀90年代末的網路熱潮，但他也避免了網路泡沫破裂給無數投資者帶來的巨額損失。巴菲特有句名言：「投資者必須在設想他一生中的決策卡片僅能打20個孔的前提下行動。每當他作出一個新的投資決策時，他一生中能做的決策就少了一個。」

在一個相對短的時期內，巴菲特也許並不是最出色的，但沒有誰能像巴菲特一樣長期比市場平均表現好。在巴菲特的盈利記錄中可發現，他的資產總是呈現平穩增長而甚少出現暴漲的情況。一九六八年，巴菲特創下了58.9%年收益率的最高紀錄，也是在這一年，巴菲特感到極為不安而解散公司隱退了。

從一九五九年的40萬美元到二〇〇四年的429億美元的這45年中，可以算出巴菲特的年均收被率為26%。從某一單個年度來看，很多投資者對此也許會不以為然。但沒有誰可以在這麼長的時期內保持這樣的收益率。這是因為大部分人都為貪婪、浮躁或恐懼等人性弱點所左右，成了一個投機客或短期投資者，而並非像巴菲特一樣是一個真正的長期投資者。

巴菲特理財攻略三：把雞蛋放在同個籃子裡，然後小心看好

究竟應把雞蛋集中放在一個籃子內，還是分散放在多個籃子內，這種爭論從來就沒停止過也不會停止。這不過是兩種不同的投資策略。從成本的角度來看，集中看管一個籃子總比看管多個籃子要容易，成本更低。但問題的關鍵是能否看管住唯一的一個籃子。巴菲特之所以有信心，是因為在作出投資決策前，他總是花上數個

月、一年甚至幾年的時間去考慮投資的合理性，他會長時間地靜看和跟蹤投資對象的則務報表和有關資料。對於一些複雜的難以弄明白的公司，他總是避而遠之。只有在透徹瞭解所有細節後，巴菲特才會作出投資決定。

我怎麼選股：重心是「什麼」上面，而不是「何時」

可口可樂公司於一九一九年上市，那時的價格是40美元左右。一年後，股價降了50%，只有19美元。看起來那是一場災難。瓶裝問題，糖料漲價，你總能發現這樣、那樣的原因讓你覺得那不是一個合適的買入時機。一些年之後，又發生了大蕭條、第二次世界大戰、核武器競賽等，總是有原因（談你不買）。如果你在一開始40美元買了一股，然後你把派發的紅利進行再投資（買入可口可樂的股票），一直到現在，那股可樂股票的價值是五千萬美元。這個事實壓倒了一切。如果你看對了生意模式，你就會賺很多錢。

切入點的時機是很難把握的。所以，如果我擁有的是一個絕佳的生意，我絲毫不會為某一個事件的發生，或者它對未來一年的影響等而擔憂。當然，在過去的某些個時間段，政府施加了價格管制政策。企業因而不能漲價，即使最好的企業有時也會受影響，我們的See’s Candy糖果不能在12月26日漲價。但是，管制該發生的時候就會發生，它絕不會把一個傑出的企業蛻變成一個平庸的企業。政府是不可能永遠實施管制政策的。

一個傑出的企業可以預計到將來可能會發生什麼，但不一定會準確到何時會發生。重心需要放在「什麼」上面，而不是「何時」上。如果對「什麼」的判斷是正確的，那麼對「何時」人可不必過慮。

我憑什麼選股；給我10億美元和10年

我只喜歡我看得懂的生意，這個標準排除了90%的企業。我想要的生意外而得有個城牆，居中是價值不菲的城堡，我要負責的、能幹的人才來管理。

30年前，柯達公司的城牆和可口可樂的城牆是一樣難以逾越的。柯達向你保證你今天的照片，20年、50年後看起來仍是栩栩如生，這一點對你而言可能恰恰是最重要的。30年前的柯達就有那樣的魅力，它佔據了每個人的心。在地球上每個人的心裡，它的那個小黃盒子都在說，柯達是最好的。那真是無價的。

現在的柯達已經不再獨佔人們的心。它的城牆變薄了，富士用各種手段縮小了差距。柯達讓富士成為奧林匹克運動會的贊助商，一個一直以來由柯達獨佔的位置。於是在人們的印象裡，富士變得和柯達平起平坐起來。

與之相反的是，可口可樂的城牆與30年前一比，變得更寬了。你可能看不到城牆一天天的變化。但是，每次你看到可口可樂的工廠擴張到一個目前並不盈利、但20年後一定會盈利的國家，它的城牆就加寬些。企業的城牆每天每年都在變，或厚或窄。10年後，你就會看到不同。

我給那些公司經理人的要求就是，讓城牆更厚些，保護好它，拒競爭者於牆外。我尋找的就是這樣的企業。那麼這樣的企業都在做什麼生意呢？我要找到它們，就要從最簡單的產品裡找到那些（傑出的企業）。因為我沒法預料到10年以後，甲骨文，蓮花，或微軟會發展成什麼樣。比爾．蓋茲是我碰到過的最好的生意人。微軟現在所處的位置也很好。但是我還是對他們10年後的狀況無從知曉。同樣我對他們的競爭對手10年後的情形，也一無所知。

雖然我不擁有口香糖的公司，但是我知道10年後他們的發展會怎樣。互聯網是不會改變我們嚼口香糖的方式的，事實上，沒有什麼能改變我們嚼口香糖的方式。會有很多的（口香糖）新產品不斷進入試驗期，一些以失敗告終。這是事物發展的規律。如果你給我10億美元，讓我進入口香糖的生意，打開一個缺口，我無法做到。這就是我考量一個生意的基本原則。給我10億美元，我能對競爭對手有多少打擊？給我100億美元，我對全世界的可口可樂的損失會有多大？我做不到，因為，它們的生意穩如磐石。給我些錢，讓我去佔領其他領域，我卻總能找出辦法把事情做到。

這樣，我就能看清這個企業從此10年的大方向。如果我做不到這一點，我是不會出手去買它的。

我的5項投資邏輯：

1．因為我把自己當成是企業的經營者，所以我成為優秀的投資人；因為我把自己當成投資人，所以我成為優秀的企業經營者。

2．好的企業比好的價格更重要。

3．一生追求消費壟斷企業。

4．最終決定股價的是實質價值。

5．沒有任何時間適合將最優秀的企業脫手。

我的12項投資要點：

1．利用市場的愚蠢有規律地投資。

2．買價決定報酬率的高低，即使是長線投資也是如此。

3．利潤的複合增長與交易費用和稅負的避免使投資人受益無窮。

4．不在意一家公司來年可賺多少，僅留意未來5～10年能賺多少。

5．只投資於未來收益高確定性的企業。

6．通貨膨脹是投資者的最大敵人。

7．價值型與成長型的投資理念是相通的；價值是一項投資未來現金流量的折現值；而成長只是用來決定價值的預測過程。

8．投資人在財務上的成功與他對投資企業的瞭解程度成正比。

9．「安全邊際」從兩個方面協助你的投資：首先是緩衝可能的價格風險；其次是可獲得相對高的權益報酬率。

10．擁有一支股票，期待它下個星期就上漲，是十分愚蠢的。

11．就算聯儲會主席偷偷告訴我未來2年的貨幣政策是什麼？我也不會改變我的任何作為。

12．不理會股市的漲跌，不擔心經濟情勢的變化，不相信任何預測，不接受任何內幕消息，只注意兩點：①是買什麼股票；②是買入價格。

我的8項投資標準：

1．必須是消費壟斷企業。

2．產品簡單、易瞭解、前景看好。

3．有穩定的經營史。

4．經營者理性、忠誠，始終以股東利益為先。

5．財務穩健。

6．經營效率高、收益好。

7．資本支出少、自由現金流量充裕。

8．價格合理。

我的2項投資方式：

1．卡片打洞、終生持有，每年檢查一次以下數字：①是初始的權益報酬率；

②是營運毛利；③是負債水平；④是資本支出；⑤是現金流量。

2．當市場過於高估持有股票的價格時，也可考慮進行短期套利。

〔附錄〕最賺錢的事，往往都不辛苦

在我們的生活中，不難發現有些人辛苦了一輩子，卻沒有賺到錢。他們一無所有，一事無成。然而，有些人，無憂無慮，心滿意足，卻能輕鬆地掙到1億元以上。他們甚至似乎白白得到了一些東西，為什麼這樣呢？很多人說他們很勤奮，但結果總是不盡如人意，他們於是開始抱怨上帝為什麼這麼不公平，他們辛苦了半輩子仍感到尷尬。事實上，這些人忽視了最重要的一點——

有錢人賺錢不是靠體力，而是靠腦力、智慧和知識。

一、沒有哪個有錢人是靠勤勞的雙手創造財富

許多人相信那些從來沒有用自己的雙手創造財富的人。否則，沒有人會比農民工更勤奮。為什麼他們一輩子窮，還生活在貧困中？體力勞動人人都能做，所以很

容易被取代。而且，體力勞動者每天重複同樣的辛苦勞動，沒有太多的技術含量和知識水準，只需要體力好。但腦力勞動者則不同。他們對人的要求更高，需要更高的知識水準、道德修養和多年的專業教育。

因此，腦力勞動者可以成為體力勞動者，但是體力勞動者不容易成為腦力勞動者。所謂的東西很少，這就是腦力勞動者的工資高於體力勞動者的原因。

大部分時間，我們不能只努力學習，而應該多想想，多思考。眼睛不能只盯著眼前的事物，而要採取不同的方法，逐步把體力勞動轉變為腦力勞動，從而創造更多的價值。所以，如果你想學著用腦子賺錢，你首先要理解金錢的意義，學習如何用它來幫助我們賺錢。錢只是幫助我們生活得更好和體現更高價值的工具而已。

要學會「花錢」，學會投資。而且，我們應該用我們的大腦來進行學習。通過腦力勞動我們可以賺錢，用更多的時間和精力去創造更大的價值。

二、富人懶於雜物，卻勤於思考

一個億萬富翁說：「勤於思考才是財富之源。」

有時候，我們總是羨慕有錢人白手起家。不但能輕鬆賺錢，還能有很多時間享受生活。實際上，富人只知道如何將精力和時間用在那些更重要的事情上，那就是——思考。

貧窮的人看起來每天都在努力工作，但事實上他們空虛。人們對這些工作的意義和作用一無所知，往往把時間浪費在不值得做的事情上。你們午飯吃什麼？工作之後去哪兒玩？因此，他們的頭腦裡充滿了這些瑣碎的事情，沒有給自己留有空間去做更重要的事，他們最後的成就就是平庸的生活。

其實世界上有許多事都有捷徑，很多人因為沒有經過努力的思考而繞道而行。假如你不善於思考，你每天都在重複，沒有意義，浪費時間。被稱為「磨刀不誤砍柴工」，思考能使你的頭腦更加靈活，思維更加開闊，做事更加高效，並能為你節省更多時間創造更多價值。唯有精打細算，我們才能更快更容易地創造財富。

仔細考慮每件事，給自己更多時間思考。要經常鍛煉自己的思維方式，學會站在不同的角度去思考同樣的事情。要多和別人交流，從別人那裡獲得更多的思考方向，形成多維度的思考模式。唯有如此，你才能看到隱藏在身邊的賺錢機會。富人和窮人最基本的區別就是思維方式的不同，思維方式是我們自己不斷培養的。不停地思考、思考問題，才能看到事物如何比別人思考、看透，才能找到致富的道路。

三、富人靠閱讀輸入大腦，然後靠大腦輸出財富

查理．芒格是沃倫巴菲特的導師和終身合夥人，他是巴菲特的金主，是當今最偉大的投資思想家。有一件事他一直堅持——讀書。

會議之前，查理．芒格將提前進入會議，在自己的座位上閱讀。開會時他才放下書。不但如此，無論何時何地，他總是拿著一本書，隨時拿出來看。查理．芒格就是這樣成功的。他說：閱讀訓練我的多元思維和逆向思維，讓我每天都能進步。查理．芒格將其成功歸功於終身學習。

閱讀能使你認識到世界是多面的，拓寬你的視野，你會發現世界不僅僅是你生命中的一小部分，而是你自己的一個整體。不僅如此，閱讀還能幫助我們積累更多的方法，改善我們的工作，並產生自己獨特的見解，使我們能以全新的視角思考問題。

讀書能增強自己的思維模式、視野和思維方式，讓自己看到別人看不到的機會和事物，這樣就能在創造財富的同時少犯錯，節省成本。讀書能讓我們的大腦把從書本學到的價值觀轉變為方法，並在實踐中創造財富。

假如你總是得意自大，自以為是，你就像一隻井中觀天的青蛙。你們以為只靠體力賺錢嗎？但是，你不知道，世界上大多數人都是坐在空調舒適的辦公室裡，卻能賺十倍或一百倍的錢。

因此，你要思考的就不止是如何賺錢了，而是要如何去學習、去閱讀、去不斷地充實自己，讓自己擁有富人的思維……

第九章

人生的「黃金法則」是什麼？

——查理·芒格在南加州大學法學院畢業典禮上的演講。

各位：

你們當中肯定有許多人覺得奇怪——這個人那麼老了，還能來演講？

嗯，答案很明顯——他還沒有死。

不管怎麼樣，我想我來這裡演講是合適的。我自己養育過許多子女，我知道他們真的比坐在前面這些穿學位禮服的學生更感光榮。父母為子女付出了許多心血，把智慧和價值觀傳授給子女，他們應該永遠受到尊敬。

我已經把今天演講的幾個要點寫下來了，下面就來介紹那些對我來說最有用的道理和態度。我並不認為它們對每個人而言都是完美的，但我認為它們之中有許多具有普遍價值，也有許多是「屢試不爽」的道理。

一、如果你想獲得某樣東西，那就要讓自己配得上它

到底是哪些重要的道理幫助了我呢？我非常幸運，很小的時候就明白這樣一個道理：「要得到你想要的某樣東西，最可靠的辦法是讓你自己配得起它。」這是一個十分簡單的道理，是人生的「黃金法則」。

你們要學會「己所不欲，勿施於人。」在我看來，無論是對律師還是對其他人來說，這都是他們最應該有的精神。總而言之，擁有這種精神的人在生活中能夠贏得許多東西。他們贏得的不只是金錢和名譽。他們還贏得尊敬，理所當然地贏得與他們打交道的人的信任。能夠贏得別人的信任是非常快樂的事情。

有時候你們會發現有些徹頭徹尾的惡棍死的時候「既富裕又有名」，但是周圍的絕大多數人都知道他是死有餘辜。如果教堂裡滿是參加葬禮的人，其中大多數人去那裡是為了「慶祝」這個傢夥終於死了。

這讓我想起了一個故事：有個這樣的混蛋死掉了，神父說：「有人願意站出來，對死者說點好話嗎？」沒有人站出來，好長時間沒有人站出來，最後有個人站了出來，他說：「好吧，他的兄弟更糟糕。」

這不是你們想要得到的下場吧？以這樣的葬禮告終的生活，絕對不是你們想要的生活。

1．正確的愛，應該以仰慕為基礎

我很小就明白的第二個道理是，正確的愛應該以仰慕為基礎，而且我們應該去愛那些對我們有教育意義的先賢。我懂得這個道理且一輩子都在實踐它。毛姆（英國小說家）在他的小說《人性的枷鎖》中描繪的愛是一種有病的愛。那是一種病，如果你們發現自己有那種病，應該趕快把它治好。

有一個道理非常重要，那就是你們必須堅持「終身學習」。如果不終身學習，你們將不會取得很高的成就。光靠已有的知識，你們在生活中走不了多遠。離開這裡以後，你們還得繼續學習，這樣才能在生活中走得更遠。

就以世界上最受尊敬的公司伯克希爾·哈撒韋來說，它的長期大額投資業績可能是人類有史以來最出色的。讓伯克希爾在這一個十年賺到許多錢的方法，在下一個十年未必還能那麼管用。所以沃倫·巴菲特不得不成為一部不斷學習的機器。

層次較低的生活也有同樣的要求。我不斷地看到有些人在生活中越過越好。他們不是最聰明的，甚至不是最勤奮的，但他們是學習機器。他們每天夜裡睡覺時，都比那天早晨聰明一點點。孩子們，這種習慣對你們很有幫助，特別是在你們還有很長的路要走的時候。

2．只有你自己學會學習的方法之後，才能有所進步

懷海德（英國哲學家）曾經說過一句很正確的話，他說只有當人類「學習了學習的方法」之後，人類社會才能快速地發展。他指的是人均GDP的巨大增長和其他許多我們今天已經習以為常的好東西。人類社會在幾百年前才出現了大發展，在那之前，每個世紀的發展幾乎等於零。

人類社會只有學習了學習的方法之後才能發展，同樣的道理，你們只有學習了學習的方法之後才能進步。

我非常幸運。在就讀哈佛法學院之前就已經學會了學習的方法。在我這漫長的一生中，沒有什麼比持續學習對我的幫助更大。再拿沃倫·巴菲特來說，如果你們拿著計時器觀察他，會發現他醒著的時候有一半時間是在看書。他把剩下的時間大部分用來跟一些非常有才幹的人進行一對一的交談，有時候是打電話，有時候是當面，那些都是他信任且信任他的人。仔細觀察的話，沃倫很像個老學究，雖然他在世俗生活中非常成功。

學術界有許多非常有價值的東西。不久之前我就遇到一個例子。我是一家醫院的理事會主席，在工作中接觸到一個叫約瑟夫·米拉的醫學院研究人員。這位仁兄是醫學博士，他經過多年的鑽研，成為世界上最精通骨腫瘤病理學的人。他想要傳播這種知識，提高骨癌的治療效果。他是怎麼做的呢？嗯，他決定寫一本教科書，雖然我認為這種教科書最多只能賣幾千冊，但世界各地的癌症治療中心都買了它。

他休了一年假，把所有X光片弄到電腦裡，仔細地保存和編排。他每天工作17個小時，而且每週工作七天，整整堅持了一年。這也算是休假啊。在假期結束的時候，他寫出了世界上最好的兩本骨癌病理學教科書中的一本。如果你們的價值觀跟米拉差不多，你們想取得多大的成就，就能取得多大的成就。

3．不斷學習各學科最重要的知識點，並不斷實踐它們

另一個對我非常有用的道理是我當年在法學院學到的。那時有位愛開玩笑的教授說：「什麼是法律頭腦？如果有兩件事交織在一起，相互之間有影響，你努力只考慮其中一件，而完全不顧另外一件，以為這種思考方式既實用又可行的頭腦就是法律頭腦。」我知道他是在說反話，他說的那種「法律」方法是很荒唐的。

這給了我很大的啟發，因為它促使我去學習所有重要學科的所有重要道理，這樣我就不會成為那位教授描繪的蠢貨了。因為真正重要的大道理占了每個學科95%的份量，所以對我而言，從所有學科吸取我所需要的95%的知識，並將它們變成我思維習慣的一部分，也不是很難的事情。

當然，掌握這些道理後，你們必須通過實踐去使用它們。

這就像鋼琴演奏家，如果你們不持續練習，就不可能彈得好。所以我這輩子不斷地實踐那種跨學科的方法。

這種習慣幫了我很多忙。它讓生活更有樂趣。讓我能做更多事情，讓我變得更有建設性，讓我變得非常富有，而這無法用天分來解釋。我的思維習慣，只要得到正確的實踐，真的很有幫助。

但這種習慣也會帶來危險，因為它太有用了，如果你們使用它，當你們和其他學科的專家（甚至是你們的老闆），能夠輕而易舉地傷害你們。你們會常常發現，原來你們的知識比你老闆更豐富，更能夠解決他所遇到的問題。當他束手無策的時候，你們有時會知道正確的答案。

遇到這樣的情況是非常危險的，因為你們的正確讓有身份有地位的人覺得沒面子，但我還沒有找到避免受這個嚴重問題而傷害的完美方法。

二、隱藏你的睿智，直到別人發現

儘管我在年輕時撲克牌玩得很好，但在我認為我知道的比上級多的時候，我不太擅長掩飾自己的想法，沒有很謹慎地去努力掩飾自己的想法，所以我年輕時總是得罪人。

現在人們通常把我當成一個「行將就木」的沒有惡意的古怪老傢伙，但在從前我有過一段很艱難的日子。我建議你們不要學我，最好學會隱藏你們的睿智。

我有個同事，他從法學院畢業時成績是全班第一名，曾在美國最高法院工作過，年輕時當過律師，當時他總是表現出見多識廣的樣子。有一天，他上級的高級合夥人把他叫進辦公室，對他說：

「聽好了，查克，我要向你解釋一些事情，你的工作和職責是讓客戶認為他是房間裡最聰明的人。如果你完成了這項任務之後還有多餘的精力，應該用它來讓你的高級合夥人顯得像是房間裡第二聰明的人——只有履行了這兩條義務之後，你才可以表現你自己。」

1．要擁有跨學科的心態，煉成自己的思維框架

人們必須擁有跨學科的心態，才能高效而成熟地生活。在這裡，我想引用古代最偉大的律師西塞羅的一個重要思想。西塞羅有句話很著名，他說，「如果一個人

不知道他出生之前發生過什麼事情，在生活中就會像一個無知的孩童。」

這個道理非常正確，西塞羅正確地嘲笑了那些愚蠢得對歷史一無所知的人。但如果你們將西塞羅這句話推而廣之，我認為你們應該這麼做：除了歷史之外，還有許多東西是人們必須瞭解的。

所謂的「許多東西」就是所有學科的——重要思想。但如果你對一種知識死記硬背，以便能在考試中取得好成績，這種知識對你們不會有太大的幫助。你們必須掌握許多知識，讓它們在你們的頭腦中形成一個思維框架，在隨後的日子裡能自動地運用它們。

如果你們能夠做到這一點，我鄭重地向你們保證，總有一天你們會在不知不覺中意識到：「我已經成為我的同齡人中最有效率的人之一。」與之相反，如果不努力去實踐這種跨學科的方法，你們中的許多最聰明的人只會取得中等成就，甚至生活在陰影中。

2．想更好解決問題，要嘗試學會逆向思考

我發現的另外一個道理蘊含在麥卡弗雷院長剛才講過的故事中，故事裡的鄉下人說：「要知道我會死在哪裡就好啦，我將永遠不去那個地方。」這鄉下人說的話

雖然聽起來很荒唐，卻蘊含著一個深刻的道理。對於複雜的適應系統以及人類的大腦而言，如果採用逆向思考，問題往往會變得更容易解決。如果你們把問題反過來思考，通常就能夠想得更加清楚。

例如，如果你們想要幫助印度，應該考慮的問題不是「我要怎樣才能幫助印度？」與之相反，你們應該問：「我要怎樣才能損害印度？」你們應該找到能對印度造成最大損害的事情，然後避免去做它。

也許從邏輯上來看兩種方法是一樣的，但那些精通代數的人知道，如果問題很難解決，利用反向證明往往就能迎刃而解。生活的情況跟代數一樣，逆向思考能夠幫助你們解決正面思考無法處理的問題。

讓我現在就來使用一點逆向思考。什麼會讓我們在生活中失敗呢？我們應該避免什麼呢？有些答案很簡單，例如，懶惰和言而無信會讓我們在生活中失敗。如果你們言而無信，就算有再多的優點，也無法避免悲慘的下場。所以你們應該養成言出必行的習慣，懶惰和言而無信是顯然要避免的。

三、擺脫自私以及偏見、嫉妒、怨憎和自憐

有一種叫做「自我服務偏好」的心理因素也經常導致人們做傻事，它往往是潛意識的，所有人都難免受其影響。你們認為「自我」有資格去做它想做的事情，例如，透支收入來滿足它的需求，那有什麼不好呢？

從前有一個人，他是全世界最著名的作曲家，可是他大部分時間過得非常悲慘，原因之一就是他總是透支他的收入。那位作曲家叫做莫札特。連莫札特都無法擺脫這種愚蠢行為的毒害，我覺得你們更不應該去嘗試它。

總而言之，嫉妒、怨憎、仇恨和自憐都是災難性的思想狀態。過度自憐可以讓人近乎偏執，偏執是最難逆轉的東西之一，你們不要陷入自憐的情緒中。我有個朋友，他隨身攜帶一疊厚厚的卡片，每當有人說了自憐的話，他就會慢慢地、誇張地掏出那一疊卡片，將最上面那張交給說話的人。卡片上寫著：「你的故事讓我很感動，我從來沒有聽過有人像你這麼倒楣。」

每當你們發現自己產生了自憐的情緒，不管是什麼原因，哪怕由於自己的孩子患上癌症即將死去。你們也要想到，自憐是於事無補的。這樣的時候，你們要送給

自己一張我朋友的卡片。自憐總是會產生負面影響，它是一種錯誤的思維方式。如果你們能夠避開它，你們的優勢就遠遠大於其他人。

你們當然也要在自己的思維習慣中消除自我服務的偏好，別以為對你們有利的就是對整個社會有利的，也別根據這種自我中心的潛意識傾向來為你們愚蠢或邪惡的行為辯解，那是一種可怕的思考方式。你們要讓自己擺脫這種心理，因為你們想成為智者而不是傻瓜，想做好人而不是壞蛋。

你們必須在自己的認知行動中，允許別人擁有自我服務的偏好。因為大多數人無法非常成功地清除這種心理，人性就是這樣。如果你們不能容忍別人在行動中表現出自我服務的偏好，那麼你們又是傻瓜。

所羅門兄弟公司的法律總顧問曾經做過《哈佛法學評論》的學生編輯，是個聰明而高尚的人，但我卻親眼看到他毀掉了自己的前途。當時那位能幹的CEO說有位下屬做錯了事，總顧問說：「我們在法律上沒有責任匯報這件事，但我認為那是我們應該做的，那是我們的道德責任。」

從法律和道德上來講，總顧問是正確的，但他的方法卻是錯誤的。他建議日理萬機的CEO去做一件令人不愉快的事情，而CEO總是把這件事往後一推再推，因為他很忙，這完全可以理解，他並不是故意要犯錯。

遇到這種情況，正確的說服技巧是班傑明・富蘭克林指出的那種。他說：「如果你想要說服別人，要訴諸利益，而非訴諸理性。」總顧問應該說：「如果這種情況再持續下去，會毀掉你的，會讓你身敗名裂，家破人亡。我的建議能夠讓你免於陷入萬劫不復之地。」這種方法會生效的。

你們應該多多訴諸利益，而不是理性，即使當你們的動機很高尚的時候。

1・避免變態的激勵機制，與仰慕的人一起工作

應該避免的事是受到變態的激勵機制的驅動。你們不要處在一個你們表現得越愚蠢或者越糟糕，它就提供越多回報的變態激勵系統之中，變態的激勵機制具有控制人類行為的強大力量，人們應該避免受它影響。

你們將來會發現，有些律師事務所規定的工作時間特別長，至少有幾家現代律師事務所是這樣的。如果每年要工作2400個小時，我就沒法活了，那會給我帶來許多問題，我不會接受這種條件。我沒有辦法對付你們中的某些人將會面對的這種局

面，你們將不得不自行摸索如何處理這些重要的問題。

變態的工作關係也是應該避免的，你們要特別避免在你們不崇敬或者不想像他一樣的人手下幹活，那是很危險的。所有人在某種程度上都受到權威人物的控制，尤其是那些為我們提供回報的權威人物。

要正確地應對這種危險，必須同時擁有才華和決心。在我年輕的時候，我的辦法是找出我尊敬的人，然後想辦法調到他手下去，但是別批評任何人，這樣我通常能夠在好領導手下工作。許多律師事務所是允許這麼做的，只要你們足夠聰明，能做得很得體。

總之，如果你能在你們正確地仰慕的人手下工作，在生活中取得的成就將會更加令人滿意。

2·保持客觀習慣，核對檢查清單

養成一些讓你能保持客觀公正的習慣。我們都記得達爾文特別留意相反的證據，尤其是他證偽的是某種他信奉和熱愛的理論時。如果你們想要在思考的時候儘量少犯錯誤，就需要這樣的習慣。

人們還需要養成核對檢查清單的習慣，核對檢查清單能避免很多錯誤，不僅僅對飛行員來說是如此。你們不應該光是掌握廣泛的基礎知識，而是應該把它們在頭腦中列成一張清單，然後再加以使用。沒有其他方法能取得相同的效果。

3．生活充滿競爭，去成為最有能力和最願意學習的人

另外一個我認為很重要的道理就是，將不平等最大化通常能夠收到奇效。這句話是什麼意思呢？約翰．伍登提供了一個示範性的例子。伍登曾經是世界上最優秀的籃球教練。他對五個水準較低的球員說：「你們不會得到上場的時間，你們是陪練。」

比賽幾乎都是那七個水準較高的球員在打的。這七個水準高的球員學到了更多，別忘了學習機器的重要性——因為他們獨享了所有的比賽時間。在他採用非平等主義的方法時，伍登比從前贏得了更多的比賽。

我認為生活就像比賽也充滿了競爭，我們要讓那些最有能力和最願意成為學習機器的人發揮最大的作用。如果你們想要獲得非常高的成就，你們就必須成為那樣的人。你們總不希望在50個輪流做手術的醫生中，以抽籤方式抽一個來給你們的孩子做腦外科手術。

你們也不希望你們的飛機是以一種太過平等主義的方式設計出來的。你們也不

希望你們的伯克希爾．哈撒韋採用這樣的管理方式。你們想要讓最好的球員打很長時間的比賽。

四、要擁有自己真正的能力，而不是鸚鵡學舌的知識

我經常講一個有關馬克斯．普朗克（一九一八年諾貝爾物理獎得主）的笑話：

普朗克獲得諾貝爾獎之後，到德國各地作演講，每次講的內容大同小異，都是關於新的量子物理理論的，時間一久，他的司機記住了講座的內容。司機說：「普朗克教授，我們老這樣也挺無聊的，不如這樣吧，到慕尼克讓我來講，你戴著我的司機帽子坐在前排，你說呢？」

普朗克說：「好啊！」於是司機走上講臺，就量子物理發表了一通長篇大論。後來有個物理學教授站起來，提了一個非常難的問題。演講的司機說：「哇，我真沒想到，我會在慕尼克這麼先進的城市，遇到這麼簡單的問題。那麼，我想請我的司機來回答。」

講這個故事，並不是為了表揚主角很機敏。我認為這個世界的知識可以分為兩種：一種是普朗克知識，它屬於那種真正懂的人。他們付出了努力，他們擁有那種能力。另外一種是司機知識。他們掌握了鸚鵡學舌的技巧；他們可能有漂亮的頭髮；他們的聲音通常很動聽；他們給人留下深刻的印象。

但其實他們擁有的是偽裝成真實知識的司機知識。我想到剛才實際上描繪了美國所有的政客。如果你們在生活中想努力成為擁有普朗克知識的人，而避免成為擁有司機知識的人，你們將遇到這個問題。到時會有許多巨大的勢力與你們作對。

從某種程度上來講，我這代人辜負了你們，我們給你們留了個爛攤子，現在加利福尼亞州的立法機構裡面大多數議員是左派的傻瓜和右派的傻瓜，這樣的人越來越多，而且他們沒有一個人是可以被請走的。這就是我這代人為你們做的事情。但是，你們不會喜歡太過簡單的任務，對吧？

1．做你們最感興趣的事，然後努力配得上它和你的合夥人

如果你們真的想要在某個領域做得很出色，那麼你們必須對它有強烈的興趣。我可以強迫自己把許多事情做得相當好，但我無法將我沒有強烈興趣的事情做得非常出色。從某種程度上來講，你們也跟我差不多。所以如果有機會的話，你們要想

辦法去做那些你們有強烈興趣的事情。

還有就是，你們一定要非常勤奮才行。我非常喜歡勤奮的人。我這輩子遇到的合夥人都極其勤奮。我想我之所以能夠和他們合夥，部分原因在於我努力做到配得起他們，部分原因在於我很精明地選擇了他們，還有部分原因是我運氣好。

我早期的生意上曾經有過兩位合夥人，他們倆在大蕭條期間合資成立了一家建築設計施工公司，達成了很簡單的協議：「如果我們沒有完成對客戶的承諾，我們倆要每天工作14個小時，每星期工作7天，直到完成為止。」不用說你們也知道啦，這家公司做得很成功。我那兩位合夥人廣受尊敬。他們這種簡單的老派觀念幾乎肯定能夠提供一個很好的結果。

2．讓打擊和各種麻煩，成為成長的契機

你們在生活中可能會遭到沉重的打擊，不公平的打擊。有些人能挺過去，有些人不能。我認為愛比克泰德（古羅馬新斯多葛派哲學家）的態度能夠引導人們作出正確的反應。他認為生活中的每一次不幸，無論多麼倒楣，都是一個鍛鍊的機會。他認為每一次不幸都是吸取教訓的良機。

人們不應該在自憐中沉淪，而是應該利用每次打擊來提高自我。他的觀點是非

常正確的，影響了最優秀的羅馬帝國皇帝馬可・奧理略，以及隨後許多個世紀裡許許多多其他的人。

我還有個道理想簡單地說說。我的爺爺芒格曾是他所在城市惟一的聯邦法官。我很崇拜他。他的價值觀之一是，節儉是責任的僕人。芒格爺爺擔任聯邦法官的時候，聯邦法官的遺孀是得不到撫恤金的。所以如果他賺了錢不存起來，我奶奶將會變成一個淒涼的寡婦。除此之外，家有餘資也能讓他更好地服務別人。由於他是這樣的人，所以他終生量入為出，給他的遺孀留下了一個舒適的生活環境。

你們很可能會說：「誰會在生活中整天期待麻煩的到來啊？」其實我就是這樣的。在這漫長的一生中，我一直都在期待麻煩的到來。現在我已經84歲啦。就像愛比克泰德，我也擁有一種蒙受恩寵的生活。我總是期待麻煩的到來，準備好麻煩來臨時如何對付它，這並沒有讓我感到不快樂。這根本對我沒有任何害處，實際上，這對我有很大的幫助。

3・文明的最高境界，是利益各方之間無縫的信任之網

由於在你們將要從事的行業中有大量的程式和繁文縟節，最後一個我想要告訴你們的道理是，複雜的官僚程式不是文明社會的最好制度。最好的制度是一張無縫

的、非官僚的信任之網。沒有太多稀奇古怪的程式。

只有一群可靠的人，他們彼此之間有正確的信任。那是瑪約醫療中心手術室的運作方式。如果那裡的醫生像律師那樣，設立許多像法律程式那麼繁瑣的規矩，更多的病人會死於非命。

所以當你們成為律師的時候，永遠別忘記，雖然你們在工作中要遵守程式，但你不用總是被程式牽著鼻子走。

你們在生活中應該追求的是儘可能地培養一張無縫的信任之網。如果你們擬定的婚姻協議書長達47頁，那麼我建議你們這婚還是不結為妙。

好啦，在畢業典禮上（南加州大學）講這麼多已經夠啦。我希望這些老人的廢話對你們來說是有用的。

最後，我想用約翰・班揚的名作《天路歷程》中那位真理劍客年老之後唯一可能說出的話，來結束這次演講：「我的劍傳給能揮舞它的人。」

查理・芒格簡介

查理・芒格在一九二四年1月1日出生於美國內布拉斯加州的奧馬哈（內布拉斯加州）。他與巴菲特一樣，芒格是奧馬哈土生土長的市民。在結束密西根大學的學業，以及服完海軍兵役之後，芒格以不具大學文憑之身分，一九四八年以優異的成績畢業於哈佛大學法學院，直接進入加州法院當了一名律師，並開始投資於證券以及聯合朋友和客戶進行商業活動，其中一些案例已被編入商學院的研究生課程。在一九六五年之前，他在自己成立的芒格、托爾與歐森有限公司，擔任房地產律師一職。隨後，他放棄了法律的專職，專心致力於管理投資事業。

目前他是波克夏・海瑟威公司的副董事長。該公司為多元化之投資控股公司，董事長由巴菲特擔任。

第十章

以避免失敗為目標而成長！

——查理．芒格在一九八六年六月於哈佛大學畢業典禮的演講。

在我聽過的20次哈佛學校的畢業演講中，哪次曾讓我希望它再長些呢？這樣的演講只有強尼．卡森（美國〈今夜〉脫口秀主持人）的那一次，他詳述了保證痛苦人生的卡森藥方。

所以呢，我決定重複卡森的演講，但以更大的規模，並加上我自己的藥方。畢竟，我比卡森演講時歲數更大，同一個年輕的有魅力的幽默家相比，我失敗的次數更多，痛苦更多，痛苦的方式也更多。我顯然很有資格進一步發揮卡森的主題。

那時卡森說他無法告訴畢業的同學如何才能得到幸福，但能夠根據個人經驗，告訴他們如何保證自己過上痛苦的生活。

卡森給的確保痛苦生活的處方包括：

1．為了改變心情或者感覺而使用化學物質；

2．妒忌；

3．怨恨。

我現在還能想起來當時卡森用言之鑿鑿的口氣說，他一次又一次地嘗試了這些東西，結果每次都變得很痛苦。

要理解卡森為痛苦生活所開處方的第一味藥物（使用化學物質）比較容易。我想補充幾句。

我年輕時最好的朋友有四個，他們非常聰明、正直和幽默，自身條件和家庭背景都很出色。其中兩個早已去世，酒精是讓他們早逝的一個因素；第三個人現在還醉生夢死地活著——假如那也算活著的話。

雖然易感性因人而異，我們任何人都有可能通過一個開始時難以察覺直到墮落之力強大到無法衝破的細微過程而染上惡癮。

不過呢，我活了60年，倒是沒有見過有誰的生活因為害怕和避開這條誘惑性的毀滅之路而變得更加糟糕。

妒忌，和令人上癮的化學物質一樣，自然也能獲得導致痛苦生活的大獎。早在遭到摩西戒律的譴責之前，它就已造成了許多大災難。

如果你們希望保持妒忌對痛苦生活的影響，我建議你們千萬別去閱讀山繆·約翰遜博士（Samuel Johnson，1709~1784，英國作家，文學研究者和批評家）的任何傳記，因為這位虔誠基督徒的生活以令人嚮往的方式展示了超越妒忌的可能性和好處。

就像卡森感受到的那樣，怨恨對我來說也很靈驗。如果你們渴望過上痛苦的生活，我找不到比它更靈的藥方可以推薦給你們了。

約翰遜博士說得好，他說——生活本已艱辛得難以下嚥，何必再將它塞進怨恨的苦澀果皮裡呢！

對於你們之中那些想得到痛苦生活的人，我還要建議你們別去實踐狄斯雷利的權宜之計，它是專為那些無法徹底戒掉怨恨老習慣的人所設計的。

在成為偉大的英國首相的過程中，迪斯雷利（1804～1881）學會了不讓復仇成為行動的動機，但他也保留了某種發洩怨恨的辦法，就是將那些敵人的名字寫下來，放到抽屜裡。然後時不時會翻看這些名字，自得其樂地記錄下世界是怎樣無須他插手就使他的敵人垮掉的。

好啦，卡森開的處方就說到這裡。

接下來，是芒格另開的四味藥——

第一，要反覆無常，不要虔誠地做你正在做的事。

只要養成這個習慣，你們就能夠綽綽有餘地抵消你們所有優點共同產生的效應，不管那種效應有多麼巨大。

如果你們喜歡不受信任並被排除在對人類貢獻最傑出的人群之外，那麼這味藥物最適合你們。

養成這個習慣，你們將會永遠扮演寓言裡那隻兔子的角色，只不過跑得比你們快的不再只是一隻優秀的烏龜，而是一群又一群平庸的烏龜，甚至還有些拄拐杖的平庸烏龜。

我必須警告你們，如果不服用我開出的第一味藥，即使你們最初的條件並不好，你們也可能會難以過上痛苦的日子。

我有個大學的室友，他以前患有嚴重的閱讀障礙症，現在也是。但他算得上我認識的人中最可靠的。他的生活到目前為止很美滿，擁有出色的太太和子女，掌管著某個數十億美元的企業。

如果你們想要避免這種傳統的、主流文化的、富有成就的生活，卻又堅持不懈地做到為人可靠，那麼就算有其他再多的缺點，你們這個願望恐怕也會落空。

說到「到目前為止很美滿」這樣一種生活，我忍不住想在這裡引用克洛伊斯的話來再次強調人類生存狀況那種「到目前為止」的那一面。

克洛伊斯曾經是世界上最富裕的國王，後來淪為敵人的階下囚，就在被活活燒死之前，他說：「哎呀，我現在才想起歷史學家梭倫說過的那句話，『在生命沒有結束之前，沒有人的一生能夠被稱為是幸福的。』」

第二，盡可能從你們自身的經驗獲得知識，儘量別從其他人成功或失敗的經驗中廣泛地吸取教訓，不管他們是古人還是今人。

這味藥肯定能保證你們過上痛苦的生活，取得二流的成就。只要看看身邊發生的事情，你們就能明白拒不借鑒別人的教訓所造成的後果。人類常見的災難全都毫無創意——酒後駕車導致的身亡，魯莽駕駛引起的殘疾，無藥可治的性病，加入毀形滅性的邪教的那些聰明的大學生被洗腦後變成的行屍走肉，由於重蹈前人顯而易見的覆轍而導致的生意失敗，還有各種形式的集體瘋狂等等。

你們若要尋找那條通往因為不小心、沒有創意的錯誤而引起真正的人生麻煩的道路，我建議你們牢牢記住這句現代諺語：「人生就像懸掛式滑翔，起步沒有成功就完蛋啦！」

避免廣泛吸取知識的另一種做法是，別去鑽研那些前輩的最好成果。這味藥的功效在於讓你們得到盡可能少的教育。

如果我再講一個簡短的歷史故事，或許你們可以看得更清楚，從而更有效地過上與幸福無緣的生活。

從前有個人，他勤奮地掌握了前人最優秀的成果，儘管開始研究分析幾何的時候他的基礎並不好，學得非常吃力。最終，他本人取得的成就引起了眾人的矚目，他是這樣評價他自己的成果的——

「如果說我比其他人看得更遠，那是因為我站在巨人的肩膀上。」

這人的骨灰如今埋在威斯敏斯特大教堂裡，他的墓碑上有句異乎尋常的墓誌銘：「這裡安葬著永垂不朽的以撒·牛頓爵士。」

第三，當你們在人生的戰場上遭遇第一、第二或者第三次嚴重的失敗時，就請意志消沉，從此一蹶不振吧。

因為即使是最幸運、最聰明的人，也會遇到許許多多的失敗，這味藥必定能保證你們永遠地陷身在痛苦的泥沼裡。

請你們千萬要忽略愛比克泰德（古羅馬新斯多葛派哲學家）親自撰寫的、恰如其分的墓誌銘中蘊含的教訓哲理：「此處埋著愛比克泰德，一個奴隸，身體殘疾，極其窮困，蒙受諸神的恩寵。」

第四，為了讓你們過上頭腦混亂、痛苦不堪的日子，我所開的最後一味藥是，請忽略小時候人們告訴我的那個鄉下人故事。曾經有個鄉下人說：「要是知道我會死在哪裡就好啦，那我將永遠不去那個地方。」

大多數人和你們一樣，嘲笑這個鄉下人的無知，忽略他那樸素的智慧。如果我的經驗有什麼借鑒意義的話，那些熱愛痛苦生活的人應該不惜任何代價避免應用這個鄉下人的方法。

若想獲得失敗，你們應該將這種鄉下人的方法，也就是卡森在演講中所用的方法，貶低得愚蠢之極、毫無用處。

卡森採用的研究方法是把問題反過來想。就是說要解出X，得先研究如何才能得到非X。

偉大的代數學家雅各比（1804~1851）用的也是卡森這種辦法，眾所周知，他經常重複一句話：「反過來想，總是反過來想。」

雅各比知道事物的本質是這樣的，許多難題只有在逆向思考的時候才能得到最好的解決。

例如，當年幾乎所有人都在試圖修正麥克斯韋的電磁定律，以便它能夠符合牛頓的三大運動定律，然而愛因斯坦卻轉了個一百八十度大彎，修正了牛頓的定律，讓其符合麥克斯韋的定律，結果他發現了相對論。

作為一個公認的傳記愛好者，我認為假如查理斯·羅伯特·達爾文是哈佛學校一九八六屆畢業班的學生，他的成績大概只能排到中等。

然而，現在他是科學史上的大名人。如果你們希望將來碌碌無為，那麼千萬不能以達爾文為榜樣。

達爾文能夠取得這樣的成就，主要是因為他的工作方式。這種方式有悖於所有我列出的痛苦法則，而且還特別強調逆向思考：

他總是致力於尋求證據來否定他已有的理論，無論他對這種理論有多麼珍惜，無論這種理論是多麼得之不易。

與之相反，大多數人早年取得成就，然後就越來越拒絕新的、證偽性的資訊，目的是讓他們最初的結論能夠保持完整。

他們變成了菲力浦．威利所評論的那類人：「他們固步自封，滿足於已有的知識，永遠不會去瞭解新的事物。」

達爾文的生平展示了烏龜如何可以在極端客觀態度的幫助下跑到兔子前面去。這種態度能夠幫助客觀的人最後變成「蒙眼拼驢尾」遊戲中惟一那個沒有被遮住眼睛的玩家。

如果你們認為客觀態度無足輕重，那麼你們不但忽略了來自達爾文的訓誨，也忽略了來自愛因斯坦的教導。

愛因斯坦說他那些成功的理論來自「好奇、專注、毅力和自省」。他所說的自省，就是不停地試驗與推翻他自己深愛的想法。

最後，盡可能地減少客觀性，這樣會幫助你減少獲得世俗好處所需作出的讓步以及所要承受的負擔，因為客觀態度並不只對偉大的物理學家和生物學家有效。它也能夠幫助伯米吉地區的管道維修工更好地工作。

因此，如果你們認為忠實於自己就是永遠不改變你們年輕時的所有觀念，那麼你們不僅將會穩步地踏上通往極端無知的道路，而且還將走向事業中不愉快的經歷給你帶來的所有痛苦。

這次類似於說反話的演講應該以類似於說反話的祝福來結束。這句祝語的靈感來自伊萊休·魯特（一九一二年諾貝爾和平獎得主）引用過的那首講小狗去多佛的兒歌：「一步又一步，才能到多佛。」

我要祝福一九八六屆畢業班的同學：

在座各位，願你們在漫長的人生中，日日以避免失敗為目標而成長。

第十一章

別浪費生命，過別人的生活

——賈斯伯於二〇〇五年在史丹佛大學畢業典禮的演講。

第一個故事：關於「把點串連成線」的故事

我在里德學院（Reed College）只讀了六個月就退學了，但是我還經常去學校旁聽，又過了大約18個月，我才真正離開校園。那麼，我為什麼要退學呢？

這要從我出生前講起。母親懷上我時，她還是一名年輕的未婚在校研究生，於是她決定把我送給別人來收養。她非常強烈地希望我被上過大學的人收養，所以，我的一切都被安排好，等我一出生就由一名律師和他的妻子收養。

哪知我剛一出世，這對夫婦突然改變了主意，他們真正想要的是一個女孩。這樣，我的養父母（當時還列在登記的申請人名單中）突然在半夜接到了一個電話：「我們有一個不期而至的男嬰，你們想要他嗎？」他們回答道：「當然要。」但是我生母後來發現，我的養母並沒有大學學歷，而我的養父甚至沒從中學畢業。她拒絕在最終的收養文件上簽字。但幾個月之後，我的養父母承諾將來一定送我上大學，我的生母就鬆口了。

17年後，我真的上了大學。但是我很天真地選擇了一所幾乎和史丹佛大學一樣貴的學校，我那工薪階層的養父母把全部積蓄都用來支付我的大學學費。六個月後，我看不到上大學有什麼價值。我不知道自己一生中想做什麼，我也不知道大學怎樣幫我找到答案。而此時，我正在花光父母一輩子攢下的錢。所以我決定退學，並且相信這是個不錯的決定。

在那時候，這樣做——多少有些心裡沒底，但是回過頭來看，那是我至今做出的最正確的決定之一。從我退學的那一刻起，我可以不用選修那些我不感興趣的必修課，可以去旁聽那些看上去有趣的課程。

那個時候並非事事如意。我沒有了宿舍，因此只能睡在朋友房間的地板上；我退還可樂瓶，換回5美分押金買東西吃；每個星期天的晚上，我總是走上7英里，穿城到哈瑞·奎師那（Hare Krishna）禮拜堂去，吃上一頓每週一次的大餐。我喜歡這樣。我憑著好奇心和直覺所做的大多數事情，結果被證明是無價之寶。

讓我給你們舉一個例子：

那時候，里德學院開設的書法課可能是全美國最好的。校園裡的所有海報、所有抽屜標籤上的字都寫得漂漂亮亮。由於我已經退學，不用上常規課程，我決定選一門書法課，學學怎樣寫好字。我學習了serif（襯線字）和sanserif（非襯線字）字體，學會了根據不同的字母組合調整間距，懂得了了不起的活版印刷之所以了不起的原因。書法課真是太美妙了，具有歷史性和科學無法捕捉的藝術上的精妙，我覺得趣味無窮。

這些對我的一生本應該是毫無實際用處的，可是10年後，在我們設計第一台麥金塔（Macintosh）電腦的時候，書法課上的所學全都浮現在我的腦海裡。我們把它全部融入Mac電腦的設計之中。這是史上第一台擁有精美字體版式的電腦。如果我在大學時期從未旁聽過那一課，Mac電腦就不會有如此豐富的字體，或是如此適當的字體間距。而且，要不是Windows電腦抄襲了Mac，那麼個人電腦很可能就不會有這麼美妙的字體。

如果我沒有退學，我就不會旁聽書法課，而個人電腦也可能就不會擁有如此美妙的字體了。當然，當時還在大學的時候不可能從這一點看到未來。但10年後回首往事，一切都非常非常清晰。

再次說明，你們不可能從現在的點看到未來，只有回首看時才能看清來龍去脈。因此，你要相信，這些點在你的未來終將連接起來。你們必須相信某種東西——你的膽識、命運、生命、業力，等等。這樣做從來沒有讓我失望，而且還徹底改變了我的生活。

我的第二個故事：關於「熱愛和得失」

我很幸運，因為我早早便發現了自己喜歡做什麼。我在20歲的時候和沃茲（Steve Wozniak）一起在我父母的車庫裡開創了蘋果公司。我們工作十分努力，十年裡，蘋果從車庫裡只有我們兩人發展成為一家擁有四千多名員工、市值20億的公司。在第9年的時候，我們剛剛發佈了我們最棒的產品——麥金塔電腦，而我剛到30歲。然後我被炒了魷魚。

你怎麼能被自己創辦的公司炒魷魚呢？

是這樣的，隨著蘋果的發展，我們聘用了一個我認為頗有才能的人來和我一起運營公司，最初的一年裡，一切進展順利。但之後我們對未來的看法開始出現了分歧，最終我們吵翻了，這時，我們的董事會站在了他那邊。於是，我在30歲的時候離開了，而且弄得人人皆知。我成年後全部生活的重心不復存在，這對我是一個毀滅性的打擊。

有幾個月，我都真的不知道該做些什麼。我覺得，我讓創業先輩們失望了——我丟掉了傳到我手上的接力棒。我去見了大衛・帕卡德（David Packard）和鮑勃・諾伊斯（Bob Noyce），試圖為我把事情搞砸而道個歉。這個失敗弄得滿城皆知，我甚至想過逃離矽谷。但我漸漸地開始有了明確的想法——我仍然熱愛我做過的一切。蘋果公司發生的變故並沒有絲毫改變這一點。我被驅逐了，但我仍然熱愛我的事業。所以我決定重新開始。

那時候我還沒有意識到，但後來事實卻證明，被蘋果炒魷魚是發生在我身上的最好的事情。我放下了已有成就的重擔，取而代之的是重新創業、探索未來的輕鬆。這使我輕裝上陣，進入了我一生中最富創造力的時期之一。

在接下來的五年之中，我創辦了NeXT公司，還有皮克斯（Pixar）動畫公司，我愛上了一位了不起的女人，她後來成為我的妻子。皮克斯公司製作了世界第一部用電腦製作的動畫片《玩具總動員》，它現在是世界上最成功的動畫工作室。接下來峰迴路轉，蘋果在一個特殊的機遇下收購了NeXT，我又回到了蘋果公司，我們在NeXT開發的技術是讓蘋果現在起死回生的核心技術。並且，勞倫（Laurence）和我共同擁有一個幸福的家庭。

我十分確定，如果我沒有被蘋果解雇，這一切都不會發生。這是一劑苦藥，但是我認為對病人有好處。有時候，生活會給你當頭一棒，但是不要失去信心。我相信促使我一往無前的唯一動力就是，我熱愛我所做的一切。你們一定要找到你們的所愛。對愛人是如此，對工作亦如此。

你的工作將佔據你的大部分生活，真正令人滿意的唯一辦法就是做你認為偉大的工作。而做偉大的工作的唯一途徑就是熱愛你的工作。如果你還沒有找到你喜歡做的事情，請繼續尋找。不要停頓。用你全部身心去尋找，當你找到的時候你會有所感知。而且，正如任何美好的事物一樣，日久彌新。因此要不斷地尋找，不要放棄。不要半途而廢。

我的第三個故事：關於「死亡」

在我17歲的時候，我讀到了一句箴言，差不多是這樣的：「如果你把每一天都當作生命中的最後一天去生活的話，那麼終有一天你會發現自己是正確的。」

這句話給我留下了深刻的印象，從那時算起的33年以來，我每天早晨都會對著鏡子問自己：「如果今天是我生命中的最後一天，我還會做自己今天即將要做的事嗎？」當答案連續多次都是「不」時，我就知道自己需要做些改變了。

「記住你就快要死了」是我聽過的最重要的箴言，它幫我做出了生命中非常重大的決策。因為，幾乎所有的一切——包括所有的外界期望、所有的驕傲、所有對於難堪或失敗的恐懼——都會在面對死亡時化為虛無，留下真正重要的東西。你有時會想自己可能失去一些東西，「記住你就快要死了」是我知道的逃脫這種思維陷阱的最好辦法——既然你已經赤身裸體了無牽掛了，你就沒有理由不去遵從自己的內心。

大概在一年前，我被診斷出患有癌症。那天早晨七點半，我接受了一次掃描，結果清楚地顯示我的胰腺裡長了一個腫瘤。我當時都不知道胰腺是什麼東西，醫生們告訴我，這幾乎可以確定是一種無法治癒的癌症，我的壽命估計還有三到六個月的時間。醫生們建議我回家把事情都做個了結，這是醫生們的行話，意思是可以去「準備後事」。這意味著在接下去的幾個月裡你要把未來十年要對孩子們說的話提前說完，意味著你要確保把每件事都安排妥當好讓家人以後的日子儘量好過，也意味著你要對這個世界說「再見」了。

這個診斷一整天都縈繞在我心頭，當天晚上，我做了一次活體組織切片檢查：他們把一個內窺鏡伸進我的喉嚨，穿過我的胃一直進到腸子裡，用一枚探針伸進胰臟取得了一些組織細胞。我當時被麻醉了，在場的妻子告訴我，醫生們把這些細胞放到顯微鏡下觀察之後都驚叫起來，因為他們發現這是一種非常罕見的、通過手術可以治癒的胰腺癌。後來我做了手術，現在已經康復。

這是我距離死亡最近的一次，我希望它也是未來幾十年裡我離死亡最近的一次。經歷了這件事，死亡對我而言已經不再只是一種有益卻僅限於純粹想像的概念，因此我可以更加確信地跟你們談起我對死亡的看法——

沒有人想要死，即使人們想上天堂，他們也不會為了去那裡而死，但是死亡是我們共同的終點，從來沒有人能夠逃脫它。而這也是合理的，因為，死亡很可能是生命最好的一項發明，它是生命變化的推動者，它清除老朽而為新生代開路。現在的你們就是新生代，但是在不久之後的某天，你們就會漸漸變成老朽而被清除出人生的舞臺。抱歉說得這麼誇張，但是這是事實。

你的時間有限，別浪費生命過別人的生活——不要被教條所束縛，因為那是別人生活的目的。別讓其他人的不同意見壓過你自己內心的聲音。最重要的是，要勇於追隨自己的內心和直覺，它們其實早已知道你想要成為什麼，除此以外，都是次要的。

當我年輕的時候，有一份非常精彩的刊物，叫做《全球概覽》，那是我們那一代人視為聖經的讀物之一。它由斯圖爾特．布蘭德在離這裡不遠的門洛派克創辦，他把詩意帶進雜誌，賦予它鮮活的生命力。那是在一九六〇年代末，這本刊物全部由打字機、剪刀和寶麗來相機製作出來。有點像平裝版的谷歌，但早於谷歌問世35年。這就是理想主義，充滿著整潔的工具和偉大的奇想。

斯圖爾特和他的團隊出版了幾期《全球概覽》之後，順其自然地出版了最後一期。那是一九七〇年代中期，而我正如你們這般年紀。在最後一期的封底上，是一條清晨鄉間小路的照片，如果你富有冒險精神，它可能就是你要搭車的那種小路。照片下面是一行字：「求知若饑，虛心若愚」（Stay hungry，Stay foolish）。

那就是他們停刊的臨別贈言。求知若饑，虛心若愚。我總是對自己抱著這樣的期望。而現在，在你們畢業即將踏上新生活的一刻，我也這樣祝願你們——求知若饑，虛心若愚。